Prójimos inesperados

PRÓJIMOS INESPERADOS

El samaritano
y el hospedero compasivos

UN ACERCAMIENTO A LC 10,25-37

Hugo Ricardo Sosa

ASOCIACIÓN
BÍBLICA
ARGENTINA

© Andrea Hojman
© Asociación Bíblica Argentina, 2024
© Editorial Verbo Divino, 2024

Imagen de cubierta: *El bon samarità* (1838), de Pelegrí Clavé i Roquer

Maquetación: José M.ª Díaz de Mendívil Pérez

Editorial Verbo Divino
Avda. Pamplona, 41
31200 Estella (Navarra)
Tel. 0034 948 556 511
publicaciones@verbodivino.es

Impresión: Liber Digital, Casarrubuelos (Madrid)

Impreso en España - *Printed in Spain*

ISBN: 978-84-1063-048-2
ISBN ebook: 978-84-1063-049-9
Depósito Legal: NA 1233-24

ÍNDICE

SIGLAS Y ABREVIATURAS

CompDTNT	*Compendio del Diccionario Teológico del Nuevo Testamento* (Kittel)
DENT I	*Diccionario exegético del Nuevo Testamento I*
DENT II	*Diccionario exegético del Nuevo Testamento II*
LXX	Biblia griega de los Setenta
NTG[28]	*Novum Testamentum Graece*, [28]2012

PRÓLOGO

El pasaje de Lc 10,25-37 es una de las páginas evangélicas más desafiantes, célebres y amadas por los cristianos de todos los tiempos. Es para mí un honor escribir el prólogo a este libro que recoge, sustancialmente, la tesina del querido amigo, hermano y colega Hugo Ricardo, miembro de la Asociación Bíblica Argentina y de Biblista Aty del Paraguay, que dedicó unos cuantos meses de su vida a estudiar el susodicho texto para acceder a la licencia en Teología Bíblica en la Facultad de Teología de la Pontificia Universidad Católica Argentina. La interpretación del episodio es una especie de eco del magisterio del papa Francisco, encariñado con la dimensión compasiva del mensaje cristiano, sensible y atento a la voz desafiante de la realidad humana actual.

Paul Brand relata en su libro *Fearfully and Wonderfully Made*[1]:

> Una vez escuché una conferencia de la antropóloga Margaret Mead, quien formuló la pregunta: «¿Cuál es el primer signo de civilización?». Sugirió varias respuestas posibles: «¿Una vasija de barro? ¿Hierro? ¿Herramientas? ¿Agricultura?». «No», dijo. «Esta es la evidencia de la verdadera y temprana civilización», declaró mientras sostenía un fémur, un hueso de la pierna, que mostraba evidencia de una fractura curada. Mead explicó que los restos esqueléticos de sociedades salvajes y competitivas nunca mostraron tales signos de recuperación. Abundan las huellas de violencia: costillas y cráneos atravesados por flechas. Pero el fémur fracturado y curado muestra que alguien debió cuidar de la persona herida: cazar en su nombre, llevarle comida y servirle, sacrificándose.

---

[1] BRAND – YANCEY, *Fearfully and Wonderfully Made*, 145-146.

Hugo Ricardo Sosa nos conduce, en su escrito, al encuentro de ese alguien anónimo de Lc 10,25-37 que se ha tomado el tiempo para quedarse con la persona accidentada, le ha vendado la herida, le ha llevado a un lugar seguro y le ha ayudado a recuperarse. Ayudar y cuidar a alguien cuando tiene dificultades es el momento en que comienza la civilización, según la conocida antropóloga estadounidense, y también cuándo y cómo se verifica la autenticidad de la fe cristiana que se halla más allá de la Torá mosaica y encarna el gesto más humano de la solidaridad cristiana. Sí, se halla más allá de la Torá de Moisés, pero es su concreción y, es más, hunde sus raíces en ella. Así nos lo sugiere el autor del libro, pues a inicio de su estudio, es decir, en la primera parte, nos señala unos pasajes de la Escritura hebrea que, posiblemente, ayudaron a Lucas a redactar ese episodio, sin paralelo en los evangelios, titulado por Hugo Ricardo: *Prójimos inesperados. El samaritano y el hospedero compasivos.*

El autor del libro en su tarea de ayudar a ese alguien, que somos los lectores de sus páginas, nos demuestra que el pasaje ha sido muy apreciado, desde los primeros tiempos, en la historia de la Iglesia. Así se refleja en los escritos de los grandes pensadores cristianos como Orígenes, Agustín y Lutero.

Y para que el texto no se quede encerrado en la historia pasada, Hugo, en la segunda parte de su ejemplar, nos ofrece su comentario exegético sobre Lc 10,25-37. Aquí, el autor se esmera en conducirnos a comprender el texto con las herramientas exegéticas y hermenéuticas actuales. Siguiendo a muchos estudiosos, invita a leer el pasaje de Lc 10,25-37 como «relato ejemplar» y no como es conocido, habitualmente, es decir, «la parábola del buen samaritano». Con la determinación del género literario tiende puente hacia los lectores de la historia empujándonos a escuchar la apremiante orden de Jesús de seguir los pasos de la projimidad del samaritano. En efecto, la obra aborda uno de los argumentos fundamentales del tercer sinóptico, la *compasión* como Buena Noticia, y subraya la intención pragmática del pasaje siguiendo las huellas del Maestro.

La invitación a sentirse interpelado atraviesa todo el libro a la luz de la pregunta formulada por el escriba a Jesús: «¿Haciendo qué cosa heredaré la vida eterna?» (Lc 10,25) y la respuesta final del Maestro: «Vete y haz tú lo mismo» (Lc 10,37). Consigue esta focalización a través del énfasis conferido a la exégesis de las palabras que dicen acción: ver y compadecerse para «hacer» la Ley y «hacerse» prójimo del accidentado y abandonado a su suerte a la vera del camino.

Espero que este estudio, llevado a cabo con pasión por un «hijo» de san Vicente de Paúl, sea capaz de producir frutos de vida eterna porque genera compasión en los corazones de muchos lectores y lectoras de nuestro tiempo y se traduzca en solidaridad con los que viven en los márgenes del camino.

Wilma MANCUELLO

INTRODUCCIÓN

El objeto de estudio del presente trabajo es la perícopa de Lc 10,25-37, que desarrolla el diálogo de Jesús con un intérprete de la Ley e intercala en su estructura el relato ejemplar conocido como «la parábola del buen samaritano». Esta historia es uno de los pasajes más famosos de los evangelios, razón por la cual el gentilicio «samaritano» muchas veces se emplea tanto de sustantivo como de adjetivo para indicar la acción caritativa de una persona o grupo. Es, además, un pasaje abordado con frecuencia en los ámbitos pastorales y que ha encontrado numerosos ecos en las obras de literatos y artistas.

Por medio de este trabajo buscaré la riqueza profunda del texto siguiendo las temáticas que se plantean en el mismo. Por esta razón, partiré de la idea de «herencia de la vida eterna» para pasar a la importancia de «hacer la ley» y, finalmente, concluir con la tarea transcendental de «hacerse prójimo», descubriendo que quienes llegan a serlo son dos personas despreciadas en los contextos religiosos judíos de aquel tiempo. El samaritano, partiendo del «ver y compadecerse», palabras claves en el evangelio de Lucas y centrales en la perícopa, fue capaz de hacerse cargo del «herido del camino» y encuentra un aliado en el cuidado en la persona de otro que también es menospreciado en aquel contexto religioso.

En mi camino humano y espiritual siempre procuro vivir la compasión recibida de parte de Dios y de mis compañeros de peregrinaje; por eso, siempre busco escuchar el susurro de Dios y, así, ir «aproximándome», a través de estos encuentros a «mirar» con «compasión» las fragilidades que se presentan en mí y en la vida de mis hermanos, para dar paso a las acciones que me conducen a «cuidarlas». Desde esta experiencia comparto con ustedes los ecos que produjeron en mí este pasaje.

El método elegido para llevar a cabo el acercamiento al texto es el histórico crítico. En el trabajo se encontrará el comentario exegético y solo algunas menciones a la crítica textual, literaria, de las formas y de la redacción. Pero considerando que la Biblia se explica con ella misma, presentaré primeramente un pasaje del Antiguo Testamento que puede ayudar al lector a profundizar esta rica perícopa. Luego una breve historia de la recepción del pasaje y, a continuación, me enfocaré directamente en el texto de Lc 10,25-37.

El magisterio del papa Francisco está nutrido de misericordia – compasión – cuidado. En el pasaje que se estudiará, la compasión se expresa en el cuidado. El samaritano fue capaz de dar ese paso: «vio, se compadeció y cuidó de él»; a su vez, el hospedero pudo entrar en esta dinámica haciendo lo suyo. La pastoral del cuidado requiere la certeza de que «no es una opción vivir indiferentes ante el dolor» (FT 68), sino involucrarnos en la vida del que sufre, porque él es mi hermano.

La experiencia de la pandemia nos ha enseñado sobre la urgencia del cuidado, partiendo de la realidad de que todos, de alguna manera, necesitamos ser cuidados, porque somos personas heridas, llamadas a la experiencia de la resiliencia, para que empáticamente podamos «vendar, verter aceite y vino» sobre las heridas de los peregrinos del camino. Este proceso desafía nuestra «zona de confort», pero quisiera animar al lector a revisar su peregrinaje y, tal vez, encontrará que los trechos más enriquecedores hayan sido aquellos donde se tuvo que salir de los senderos preestablecidos y/o programados.

Estimado lector: ¡bienvenido! Y te auguro que puedas enriquecerte con la lectura.

PRIMERA PARTE

Posible inspiración veterotestamentaria y breve historia de la recepción

1. Lc 10,30-35 ¿sería un relato inspirado en 2 Cr 28,5-15?

Una dimensión muy rica en el evangelio de Lucas es que el autor, en muchas ocasiones, propone su relato teniendo de fondo ciertos libros o pasajes del Antiguo Testamento. Si se realiza un estudio detallado, se encontrará en el tercer sinóptico[1] los trasfondos veterotestamentarios. Un ejemplo de ello es la perícopa en estudio que, como ya se sabe, no tiene paralelo en los sinópticos, aunque recurriendo a un pasaje del Antiguo Testamento se encuentra en él un relato inspirador. Me refiero al texto de 2 Cr 28,5-15 que, a su vez, remite a otro de tradición deuteronomista: 2 Re 6,18-23. En este último, el profeta Eliseo da instrucciones al rey de Israel para tratar humanamente a los cautivos arameos.

Al parecer la fuente «L», es decir, la fuente propia del evangelio de Lucas, conocía el libro de las Crónicas porque, en otras partes, tanto en el evangelio como en Hechos de los Apóstoles se hace eco del mismo[2]. Siguiendo el estudio de F. Spencer[3], principalmente, se propone que el relato de Lc 10 tiene remi-

---

[1] En el orden de la ubicación de los evangelios sinópticos en nuestras biblias es: primero Mateo, segundo Marcos y tercero Lucas; por eso usaremos como sinónimo del evangelio de Lucas el término «tercer sinóptico».
[2] Las citas de la obra de Lucas que serían un eco de las Crónicas son: Lc 1,5 (1 Cr 24,10; 2 Cr 8,14); Lc 1,69 (1 Cr 17,4.10.24); Lc 3,31 (1 Cr 3,5; 14,4); Lc 3,32 (2 Cr 2,1-15); Lc 3,36 (1 Cr 1,1-4); Lc 6,23 (2 Cr 36,16); Lc 10,34 (2 Cr 28,15); Lc 12,27 (2 Cr 9,3-6); Lc 20,10 (2 Cr 36,15s); Lc 16,15 (1 Cr 28,9); Hch 1,5 (1 Cr 17,13); Hch 9,2 (2 Cr 13,11); Hch 10,11 (2 Cr 13,10); Hch 11,13 (1 Cr 29,10); Hch 11,37 (2 Cr 24,21); Hch 13,5 (1 Cr 28,20); Hch 13,15 (2 Cr 29,31); Hch 11,36 (2 Cr 26,16). Cf. NTG[28], 849.
[3] SPENCER, «2 Chronicles 28,5-15 and the Parable of the Good Samaritan»,317-349.

niscencias de 2 Cr 28. Para ver más claramente esta presunta vinculación, se presenta el siguiente cuadro:

	2 Cr 28,5-15	Lc 10,30-35
Víctimas	Gran número de habitantes de Judea y sus familias, importantes ciudadanos de Jerusalén (vv. 6-8).	Un hombre anónimo, probablemente un judío, tal vez residente en Jerusalén (v. 30).
Injurias causadas a las víctimas	Confiscación de bienes, golpes y desnudez (vv. 8, 15).	Desnudez, golpes y robo (v. 30).
Atacantes	Guerreros arameos e israelitas (vv. 8, 15).	Ladrones desconocidos (v. 30).
Líderes de Israel	Profeta Oded y líderes efraimitas (vv. 9-13).	Sacerdote y Levita (vv. 31 y 32).
Lugar de convalecencia	Jericó (v. 15).	Posada probablemente ubicada en Jericó (vv. 30 y 35).
Servicios	Unción, probablemente con aceite (v. 15). Traslado en burro en el lugar de tratamiento (v. 15). Arropamiento a los desnudos (dos veces en el v. 15).	Vierte aceite y vino (v. 34). Traslado en su animal a la posada (v. 34). Arropamiento implícito como parte del servicio a la víctima que fue desnudada y golpeada (v. 30).
Ministros de sanación	Israelitas del Reino del Norte-Samaritanos (v. 15).	Samaritano (v. 33).
Terminología que define la relación	Hermanos, en tres ocasiones (vv. 8, 11, 15).	Prójimo, en tres ocasiones (vv. 27, 29, 36).

Según varios estudiosos (I. Kalimi, F. Spencer y F. Álvarez Quintero)[4], en el capítulo 28 del segundo libro de las Crónicas se encuentra una aplicación midrásica de Lv 19,18: «Amarás a tu prójimo como a ti mismo». Y tanto en 2 Cr 28 como en Lc 10, es la fuerza de la compasión la que lleva a los efraimitas al cuidado de los cautivos de Judá y al samaritano a socorrer al herido del camino.

Para profundizar en la perícopa de 2 Crónicas se propone la mirada a algunos versículos anteriores. En los vv. 9-11 el profeta Oded interviene y advierte al ejército del Reino del Norte que ha vencido a Judá porque «el Señor, el Dios de vuestros padres, irritado contra Judá, los ha entregado en vuestras manos» (28,9). Oded define que el ejército de Israel actuó «con ira» y esta acción irascible «ha subido al cielo»; sin embargo, solo fueron instrumentos de la ejecución del «enojo del Señor». Por lo tanto, esta victoria, cuya nota principal es la ira, puede provocar que «el furor de la ira del Señor» caiga sobre ellos (28,11). El profeta llama a actuar misericordiosamente con sus hermanos: «dejad volver a vuestros hermanos que habéis tomado prisioneros» (28,11).

Si bien el texto no lo dice explícitamente, se puede ver en las acciones descriptas en 28,15 verdaderos actos de compasión: los reanimaron, los vistieron, les dieron de comer y beber, los ungieron, los llevaron a Jericó. Así en 2 Cr 28,5-15 se encuentra un midrás de Lv 19,18. Este midrás da un salto importante con respecto al tema del prójimo, porque las acciones que provocan las palabras de Oded son suscitadas a pesar de la enemistad existente entre samaritanos y judíos, y claro está que toda enemistad excluye la relación de fraternidad. Sin embargo, el profeta recalca tres veces la relación que los define: antes que enemigos son hermanos (vv. 8.11.15).

Es posible observar también en la perícopa de 2 Cr 28,5-15 que las palabras de Oded provocan un giro total en el escenario

---

[4] El trabajo de Álvarez Quintero presenta un resumen de los estudios de los mencionados autores. Cf. ÁLVAREZ QUINTERO, *La parábola del Buen Samaritano*, 140-143.

de la victoria samaritana. Los jefes israelitas nombraron a los que deberían de ejecutar el auxilio a los prisioneros para luego liberarlos. En este marco resulta significativo el uso que le dan al botín, que según el v. 8 era enorme, ya que ahora es empleado para vestir y calzar a aquellos de quienes fueron arrancados.

Entonces, como ya se dijo más arriba, este pasaje del cronista, en el que destaca la generosidad de los líderes del Reino del Norte (samaritanos) motivados por la voz de Oded, puede ser considerado inspirador del relato ejemplar (Lc 10,30-35). Se puede observar cómo tanto los israelitas como el buen samaritano, luego de curar compasivamente las heridas de los débiles, los colocan en una cabalgadura (en 2 Cr se especifica que los transportaron en asnos, en Lc simplemente se menciona que fue puesto en la propia cabalgadura del samaritano). Ambas narraciones consideran a los samaritanos como personajes positivos, al igual que aparece el aceite como elemento curativo y se menciona la ciudad de Jericó.

Luego de realizar la presentación del pasaje, que sería la inspiración del texto en estudio, concluyo este apartado recalcando la importancia de tener en cuenta los pasajes del Antiguo Testamento cuando se estudia el Nuevo Testamento, porque ayudan a esclarecer textos que corresponden a culturas y siglos lejanos de los nuestros. A su vez recuerdo un principio general de la lectura de este gran libro: «la Biblia se interpreta a sí misma». Y como afirma el documento de la Pontificia Comisión Bíblica, *La inspiración y la verdad en la Sagrada Escritura*, en el número 139: «Las Sagradas Escrituras constituyen un todo unitario, porque todos los libros "con todas sus partes" (DV 11) tienen el carácter de texto inspirado y tienen al mismo Dios "como autor"».

2. Recepción de Lc 10,25-37 en Orígenes, Agustín y Lutero

No es mi objetivo presentar un estudio sobre la «estética de la recepción», en el cual consideramos importante el aporte que hiciera al respecto Hans Robert Jauss (1921-1997), filólogo alemán. Me limitaré solamente a dar una mirada general a los aportes de recepción atestiguados en los tres autores citados, quienes pertenecen a escuelas y épocas muy diferentes, pero que tienen en común que consideran como parábola la perícopa y aplican el comentario alegórico.

El comentario de Orígenes se ubica en la escuela alejandrina, cuya figura representativa es Clemente de Alejandría (150-215). Orígenes, en su Homilía 34 sobre san Lucas transcribe, sin indicar el nombre, la exégesis de un autor antiguo. Allí los personajes de la parábola son interpretados según la alegoría: el hombre herido (Adán), los ladrones (las potencias enemigas), el sacerdote (la ley), el levita (los profetas), el samaritano (Cristo) y el posadero (el jefe de la Iglesia):

> Según el comentario de un autor antiguo que quería interpretar la parábola, el hombre que bajaba representa a Adán, Jerusalén el paraíso, Jericó el mundo, los bandidos las potencias enemigas, el sacerdote la ley, el levita los profetas y el samaritano a Cristo. Las heridas son las desobediencias, la cabalgadura el cuerpo del Señor, el *pandochium* (o sea, la posada abierta a todos los que quieren entrar en ella), representa a la Iglesia. Además, los dos denarios representan al Padre y al Hijo; el posadero al jefe de la Iglesia encargado de administrarla; la promesa hecha por el samaritano de volver figuraba la segunda llegada del salvador[5].

Según el estudio de Álvarez Quintero, la exégesis de la escuela alejandrina converge en Agustín de Hipona a través de Clemente de Alejandría, Orígenes y san Ambrosio. Y, por otro lado, en Ireneo de Lyon la tradición de «los presbíteros» que se remitiría a los primeros discípulos del Señor.

> Estas dos tradiciones recibidas en Ireneo y Agustín, marcan la ruta principal en la interpretación patrística posterior, llegando

---

[5] ORÍGENES, *Homilía sobre San Lucas*, 34,3.

su influencia hasta la exégesis de los autores actuales, sea por aceptación o por rechazo[6].

Atendiendo a la recepción de la parábola en Agustín de Hipona (354-430), se debe señalar la observación de los estudiosos: sostienen que el autor griego más estudiado por el Obispo de Hipona fue Orígenes, porque en la tradición eclesiástica era el autor del que existía mayor información[7].

Se sabe que este obispo fue un prolífico escritor, que gastó sus energías para luchar por medio de la espada hecha pluma en las controversias contra el maniqueísmo, el donatismo, el pelagianismo y el arrianismo; y con este fin apologético Agustín recurre al estudio de la Sagrada Escritura. Hizo alusión a la parábola por primera vez en su obra *De Genesi contra Manicheos,* luego en *De doctrina christiana* y, por último, presenta una explicación completa en *Quaestiones Evangeliorum* (Libro II, cuestión 19). Según algunos estudiosos

> parece que tardó tiempo en componerse y que la interpretación pudo enriquecerse poco a poco, de acuerdo a las circunstancias que iban surgiendo, de forma que el texto podría ser una recapitulación tardía de todas las interpretaciones[8].

Aquí presentamos el comentario de la parábola:

> Un hombre (Adán) bajaba de Jerusalén (la ciudad celestial) a Jericó (nuestra mortalidad). Unos bandidos (el diablo y sus ángeles) lo despojaron (de la inmortalidad) y apaleándolo (convenciéndole para que pecase) lo dejaron medio muerto (pues por un lado conoce a Dios y por otra se entrega al pecado). Pues bien, un sacerdote y un levita (el ministerio del Antiguo Testamento) pasaron de lado; el samaritano (Cristo) vendó sus heridas (oprimiendo el pecado), lo ungió de aceite (la esperanza) y de

---

[6] ÁLVAREZ QUINTERO, *La parábola del Buen Samaritano*, 290.
[7] Cf. *ib.,* 364.
[8] *Ib.,* 399.

vino (la exhortación a obrar con fervor de espíritu). Lo puso (invitación a creer) en su cabalgadura (la encarnación). La posada es la Iglesia. Al día siguiente (tras la resurrección del Señor), dio dos denarios (los dos preceptos del amor, o bien la promesa de la vida presente y de la vida futura) al posadero (el apóstol Pablo)[9].

Así se puede observar la recepción de la parábola en la obra del Obispo de Hipona, en la edad de oro de la literatura patrística latina. Ya se sabe que la influencia de Agustín ha sido continua a lo largo de los siglos, por eso propongo hacer un gran salto para llegar a la exégesis alegórica en la época de la reforma, evocando el comentario que hace del texto Martín Lutero, uno de los teólogos más influenciados por Agustín. Si bien en los detalles se diferencia de los anteriores comentarios, en lo esencial se acerca a Orígenes y Agustín, pero sobre todo conserva el estilo exegético alegórico: hombre herido (Adán), samaritano (Cristo), la posada (la Iglesia):

> El hombre que cayó en manos de los bandidos ilustra la caída de Adán. El sacerdote y el levita (la historia de la salvación en el Antiguo Testamento) no vienen en su ayuda. El samaritano (Cristo) cumple sin que nadie se lo pida el mandamiento del amor; se encarga del hombre medio muerto, lo cuida con aceite (la gracia) y con vino (la cruz y el sufrimiento), lo carga en su montura (él mismo en cuanto ofrenda sacrificial), lo conduce a la posada (la Iglesia), se lo entrega al posadero (los predicadores) y deja antes de marcharse (la ascensión) dos monedas de plata (el Antiguo y el Nuevo Testamento) con la promesa de su regreso (la parusía)[10].

Así como subrayé la importancia de la lectura del Antiguo Testamento para profundizar los pasajes del Nuevo Testamento,

---

[9] AGUSTÍN DE HIPONA, *Quaestiones Evangeliorum*, Libro II, 19.
[10] LUTERO, *Predigten und Schriften*, XI, 171-173. Traducción presentada en MARGUERAT, «Parábolas», 22.

también quiero hacer lo mismo con la «historia de la recepción», porque como lectores creyentes de la Biblia no podemos desconocer la rica experiencia eclesial en torno a los textos bíblicos; cómo la comunidad cristiana a lo largo de los siglos los fue leyendo e interpretando.

SEGUNDA PARTE

En esta parte me propongo explorar la reserva de sentido que presenta la perícopa, sin pretender agotar la riqueza profunda que tiene el texto. La misma ha sido comentada por diferentes autores desde los albores del cristianismo hasta nuestros días. No solo personas dedicadas a la Escritura, sino también autores espirituales, filósofos y activistas que defienden el derecho de las minorías, encontraron en el pasaje la inspiración para sus reflexiones y el empuje motivador para sus acciones. Por ello, desde el primer momento en que decidí profundizar en Lc 10,25-37, fui consciente de la riqueza de la historia de la recepción del texto en diferentes ámbitos de la teología, de la pastoral y del arte. Sin embargo, en palabras de san Gregorio Magno: «La Escritura crece con quienes la leen»[1], por eso estoy convencido de la riqueza que se puede obtener desde «el mundo del texto»; «cada nuevo lector de un texto, lo recibe como dirigido a él, y lo interpreta desde su propio horizonte de comprensión. Todo texto se lee desde un lugar»[2]. Por eso creo que en este comentario exegético se puede arribar a una actualización de la perícopa, sabiendo que ningún texto de la Biblia es un «depósito de sentidos», sino que tienen un mensaje que precisa ser interpretado «y esto es posible solo si se entra en

---

[1] GREGORIO MAGNO, *Moralia in Job*, XX,1.

[2] Para profundizar en el significado del «mundo del texto», véase R. Krüger: «En el acto de leer, leemos un texto y no a un autor, y aquel produce sentido por lo que es como estructura lingüística. Lo que el autor quiso decir es dicho por el texto. El destinatario original del texto también ha desaparecido. Su lugar es ocupado por infinito destinatarios nuevos. Si el texto fue construido en función de destinatarios concretos y con el lenguaje apropiado para llegar a ellos (lo que se llama la pragmática del discurso), cuando es leído por otros se genera una "distancia" que deja al texto abierto, para ser clausurado en las nuevas lecturas. [...] Pero lo que sobre todo se modifica es el mundo del texto». KRÜGER – CROATTO – MÍGUEZ, *Métodos Exegéticos*, 337-338.

ellos [los textos] desde la vida, con las preguntas que esta genera con una eterna novedad, dramática o plenificante»[3].

1. El texto de Lc 10,25-37

Se realiza la delimitación atendiendo, para el comienzo, a la entrada en escena de un nuevo personaje (cf. Lc 10,25) y, para el final, al cambio de lugar y los nuevos personajes (Lc 10,38). También la ocurrencia del verbo «hacer» (*poiéō*) se considera un criterio de delimitación, ya que con este se abre la perícopa (v. 25), cierra la primera parte del diálogo (v. 28), vuelve a aparecer en la segunda parte del diálogo (v. 37a) y en la conclusión (v. 37d).

1.1. Género literario.
La forma «relato ejemplar» en la perícopa

Antes de abordar explícitamente el tema anunciado en el subtítulo, aprovecho para recordar un número de la Dei Verbum, que invita a dar importancia a los géneros literarios en la lectura y el estudio de la Sagrada Escritura:

> Habiendo, pues, hablado Dios en la Sagrada Escritura por hombres y a la manera humana, para que el intérprete de la Sagrada Escritura comprenda lo que Él quiso comunicarnos, debe investigar con atención lo que pretendieron expresar realmente los hagiógrafos y plugo a Dios manifestar con las palabras de ellos. Para descubrir la intención de los hagiógrafos, entre otras cosas hay que atender a «los géneros literarios» (DV 12).

El texto forma parte del género evangelio y tiene en sí mismo dos formas: un diálogo-disputa y un relato ejemplar. Sin embargo, siempre hemos escuchado decir y decimos «la parábola

---

[3] KRÜGER – CROATTO – MÍGUEZ, *Métodos Exegéticos*, 339.

del buen samaritano».[4] Y efectivamente, desde la época patrística hasta finales del s. XIX Lc 10,30-35 ha sido leído como tal. Ahora les propongo que hagamos el ejercicio de escuchar una opción nueva para asomarnos al relato.

Antes que nada ¿qué es una parábola? La obra *Kompendium der Gleichnisse Jesus*, de R. Zimmermann y varios colaboradores, presenta seis características de la forma parábola. Cito aquí a G. Söding, quien realiza un resumen claro y preciso sobre las mismas:

> La parábola es un texto: 1) *narrativo*. Las parábolas son relatos breves que presentan al menos una secuencia de acción o un cambio de situación [...]. 2) *ficticio*. Así se distinguen de los relatos fácticos o históricos [...]. 3) *realista*. Esto las distingue de las fábulas y de los mitos, que relatan algo no experimentable. 4) *metafórico*. Contiene señales que indican una *transferencia* de sentido más allá del primero, literal. 5) *apelativo*. Se dirigen y apelan al lector para transformar su visión y su acción. 6) *contextualizado*. Son parte de un texto más amplio y están en una situación comunicativa dentro de un mundo cultural. Esto las distingue de formas cerradas (proverbios, sentencias, poemas)[5].

Sin embargo, varios estudiosos, desde A. Jülicher en adelante, han denominado «relatos ejemplares» a un grupo pequeño de «parábolas» lucanas: el samaritano compasivo (Lc 10,30-37), el rico insensato (Lc 12,16-21), el rico y Lázaro (Lc 16,19-31), y el fariseo y el recaudador de impuestos (Lc 18,9-14)[6]. Estos relatos buscan «inculcar unas actitudes y conductas adecuadas ofreciendo ejemplos positivos que imitar o ejemplos negativos que rehuir»[7].

---

[4] Buscando destacar las acciones del samaritano, que todo surge de una mirada compasiva, en adelante llamaremos la historia ejemplar «del samaritano compasivo». También es común encontrar esta denominación entre los exégetas de lengua inglesa y alemana.

[5] SÖDING, *La novedad de Jesús,* 187.

[6] Cf. HARNISCH, *Las parábolas de Jesús,* 75.

[7] MEIER, *Un judío marginal. V,* 229.

Bovon y otros estudiosos del tercer sinóptico afirman que
Lc 10,30-37 pertenece a la forma relato ejemplar, «ya que concluye con una invitación a la imitación y está determinada por
una visión objetiva y no imaginada de la realidad»[8]. Fitzmyer,
luego de proponer interpretar este pasaje en el sentido general
de parábola, hace una especificación que la inclina hacia un
relato ejemplar[9]. Otros importantes exégetas, como Bultmann
y Jeremias, también forman parte de la lista de los que definen
como historia ejemplar nuestra perícopa.

¿Cuál es la diferencia entre parábola y relato ejemplar?
Theissen y Merz explicitan:

> Las semejanzas y las parábolas en sentido estricto son subgéne-
> ros donde la mitad figurada y la mitad real se hallan en diversos
> ámbitos de realidad. Los relatos ejemplares, en cambio, no ofre-
> cen esta tensión característica entre la mitad figurada y la mitad
> real; el contenido es presentado en un ejemplo concreto. De ahí
> que una historia ejemplar pueda concluir con la invitación lite-
> ral: «Vete y haz tú lo mismo» (Lc 10,37)[10].

El texto de Lc 10,30-37 ha sido visto como parábola por numerosos exégetas, entre ellos los más renombrados son J. D. Crossan y
R. W. Funk, ambos representantes de la «Nueva Hermenéutica»[11].

Sin embargo, si bien Lc 10,30-35 mantiene características de
una parábola (por ejemplo, que el samaritano sea el personaje
bueno de la narración nos muestra que el argumento va en una
dirección contraria al consenso), teniendo en cuenta todo lo
estudiado y mencionado anteriormente, aquí nos encontramos
con un «relato ejemplar», ya que su objetivo es llamar la atención del lector para encaminarlo a imitar el comportamiento
del samaritano, que se hizo prójimo del herido del camino, por
medio de signos concretos de «projimidad». El criterio deter-
minante de que es una historia ejemplar se cumple en el diálo-

---

[8] Bovon, *El Evangelio según San Lucas. II*, 117.
[9] Fitzmyer, *El evangelio según Lucas. III*, 277.
[10] Theissen – Merz, *El Jesús histórico*, 369.
[11] Crossan, *De Borges a Jesús*, 116.

go final: Lc 10,36-37. Allí, Jesús, luego de preguntar al intérprete de la Ley: ««¿quién de los tres te parece que fue prójimo del que cayó en manos de los ladrones?»; y escuchada la respuesta, Jesús ordena imitar la acción del que «hizo misericordia» con el herido del camino, diciendo: «anda y tú haz igualmente». Por lo tanto, el fin del relato es incitar a la imitación de la buena acción del samaritano; entonces, es un relato ejemplar.

1.2. Lc 10,25-37 en el evangelio de Lucas

El evangelio de Lucas se escribió entorno al 80-85 d.C. El tercer sinóptico tiene una diferencia notable con respecto a los otros evangelistas: no termina con la muerte y resurrección del Señor, sino que continúa, en los Hechos de los Apóstoles, hasta la llegada de Pablo a Roma. Por lo tanto y con ello, se vislumbra una concepción teológica diferente, ya que su relato se extiende hasta la expansión de la Iglesia. El autor escribe para los habitantes de una ciudad del Imperio romano con fuerte influencia helenista, por lo tanto, serían en su mayoría cristianos que provienen de la gentilidad.

A partir de Lc 10,25-37, que se encuentra en el apartado llamado «camino a Jerusalén», puede abordarse uno de los temas fundamentales del tercer sinóptico: la *compasión*. La perícopa la ilustra como buena noticia. De entre los muchos textos que la explicitan, además del que se está estudiando, señalo dos en particular:

1) En 10,25-37 Jesús invita al intérprete de la Ley –y, por medio de él, a todos sus seguidores– a socorrer la vida en peligro del otro, haciéndose prójimo del herido del camino.

2) En 15,11-32 la compasión del padre recibe al hijo que se ha alejado y vuelve al hogar. El padre busca reconstruir los lazos familiares que estaban quebrantados por la partida del hijo menor y la negativa del hijo mayor, ante la acogida de su hermano.

Las acciones de los protagonistas de ambos relatos se pueden resumir por medio de dos palabras clave: *ver* y *compadecerse.*

3) A su vez, los mismos «ver y compadecerse» son empleados en 7,11-17 de la misma manera que en 10,25-37 y 15,11-32. Con

el episodio de 7,11-17, la resurrección del hijo de la viuda de Naín, nos trasladamos a la sección del ministerio de Jesús en Galilea (4,14–9,50), donde los verbos son aplicados a Jesús. Así, la compasión de Jesús se convierte en fuente de vida para los muertos y consuelo para los pobres[12].

La sección del ministerio de Jesús en Galilea comienza con la presentación de su programa en la sinagoga de Nazaret (4,16-19). Leyendo allí al profeta Isaías, afirma que ese pasaje se cumplía. Él será quien «anuncia la buena noticia a los pobres». Y a partir de este episodio se esboza la obra de Jesús, que se llevará a cabo en palabras y en hechos. Las numerosas curaciones, milagros y exorcismos son los hechos que acompañan las palabras de Jesús (4,31-41; 5,12-26; 6,6-11; 7,1-17).

Todo el capítulo 6, el discurso de la llanura, está íntimamente relacionado con la perícopa que se estudia. Se puede destacar 6,36: «Sean compasivos como es compasivo el padre de ustedes»; allí se presenta la imagen de Dios anunciado por Jesús. En el texto que se está estudiando este «ser compasivo» se muestra indisoluble de la acción verdaderamente humana, que por medio del *agápē* (amor) debe ser el centro de la relación con Dios y con el prójimo[13].

El discurso de la llanura se profundiza a partir del capítulo 8, donde comienza la instrucción de los discípulos. En el final de la sección del ministerio en Galilea (8,1-25; 9,1-6.10-36.43-50), y en la que sigue, el viaje a Jerusalén, se presenta qué es ser discípulo de Jesús y quién es el Señor: el discípulo en Lucas debe oír y cumplir la palabra de Dios (Lc 8,21)[14]. En los pasajes anterior y posterior a 10,25-37, se observa la presencia de los verbos: *ver* (10,21-24), *escuchar* (10,38-42) y *guardar-observar* (11,28). Con ellos se apelan a las actitudes necesarias en la formación de los discípulos, quienes para vivir la compasión deberán mirar, escuchar y guardar.

---

[12] Cf. MENKEN, *The position of σπλαγχνιζεσθαι*, 107-114.
[13] Cf. ROSSÉ, *Il Vangelo di Luca*, 403.
[14] Cf. *ib.*, 281-294.

En los dos extremos del evangelio, los relatos de la infancia y de la pasión de Jesús, también están presentes la compasión y la misericordia. En el gran inicio de Lucas (1,5–2,52), en el contexto del nacimiento del Bautista, refiriéndose a Isabel, el evangelista afirma: «Al enterarse sus vecinos y parientes de la *gran misericordia* con que Dios la había tratado, se alegraban con ella» (1,58). Y luego pone en labios de Zacarías, en su cántico, que el Señor «ha visitado y redimido a su pueblo» (1,68), «para *hacer misericordia* con nuestros padres» (1,72); se encuentran allí las mismas palabras de la respuesta del intérprete de la Ley en 10,37. Por último, en el mismo cántico se afirma que la visita del Señor se realiza gracias a su «*misericordia entrañable*» (1,78).

En el otro extremo de la obra evangélica de Lucas, en el relato de la pasión, si bien no se encuentra literalmente las palabras compasión o misericordia, sí hay actos y palabras de misericordia que salvan Después de la crucifixión de Jesús, en aquel escenario doloroso, se encuentran brisas de humanidad y misericordia que salen de los labios de Jesús. La primera frase que el evangelista pone en boca de Jesús cuando lo crucifican es: «Padre, perdónalos, porque no saben lo que hacen» (23,34). Estas palabras revelan una gran misericordia, extrema y profunda. A su vez se ve cómo Jesús demuestra coherencia, hasta las últimas consecuencias, con su enseñanza sobre el amor a los enemigos (6,27). Y así se convierte en modelo para los discípulos. Si se lee la segunda parte de la obra lucana, se encuentra que hay un eco de esta frase en el martirio de Esteban (Hch 7,60). Lucas pone en los labios del crucificado una insistente oración de perdón, en concordancia con lo que él mismo había enseñado durante su viaje a Jerusalén: «Cuando oren, digan: Padre...» (Lc 11,2).

En unos versículos más adelante, en el mismo escenario doloroso de la cruz, uno de los malhechores le suplica y Jesús le promete: «hoy estarás conmigo en el Paraíso» (23,43). Resuena el término *sémeron*[15] que ha estado presente a lo largo del re-

---

[15] En el evangelio de Lucas *sémeron* posee un valor soteriológico y, si bien aparece junto a la palabra *soter* una sola vez (en Lc 2,11), *sémeron* es el hoy de la

lato evangélico: en el relato de la infancia (2,11), en el discurso de la sinagoga de Nazaret (4,21), en la curación de un paralítico durante el ministerio de Jesús en Galilea (5,26) y hacia el final de la sección «camino a Jerusalén» en la casa de Zaqueo (19,9). Así, en el momento supremo del dolor y de la máxima entrega, Jesús sigue manifestando misericordia y salva a este malhechor crucificado con él.

1.3. En el camino a Jerusalén

Para profundizar un texto bíblico siempre es importante observar el contexto literario inmediato, que en este caso se encuentra fijado entre 9,51: «Sucedió que como se iban cumpliendo los días de su asunción, él se afirmó en su voluntad de ir a Jerusalén», y 13,22: «Atravesaba ciudades y pueblos enseñando, mientras caminaba hacia Jerusalén». Todo esto, como ya se dijo, dentro de la sección del «camino a Jerusalén».

En este peregrinar, camino a Jerusalén, Jesús es el guía: por eso *envió* a los setenta y dos, de dos en dos, a todas las ciudades donde él iba a *ir* (10,1-16). Luego del envío, los setenta y dos *regresan* y cuentan a Jesús que hasta los demonios se les sometían (10,17-20). Jesús, en una experiencia de gozo en el Espíritu Santo, alaba al Padre y *volviéndose* hacia ellos pronuncia la *bienaventuranza* de los discípulos (10,21-24). Todas las perícopas mencionadas en el párrafo anterior se refieren a la misión: envío, regreso y bienaventuranza. El camino del discípulo es un camino misionero, donde la directiva parte de Jesús, quien envía, recibe, alaba y bendice.

El diálogo del texto que se estudia comienza con un acto de movimiento. El intérprete de la ley *se levantó* e inicia el diálogo con una pregunta. La primera parte del diálogo (10,25-29) da pie al relato ejemplar, cuyo escenario es un camino, por donde *bajan* los protagonistas. Se concluye la segunda parte del diálogo,

---

salvación en el tiempo del hombre. El hoy del encuentro con el Señor en la historia humana requiere la decisión del hombre que se decide a seguirlo en el camino de la cruz (Lc 9,23). Cf. GRILLI, *L'opera di Luca. 1*, 54-56.

basado en la historia ejemplar, con un imperativo a seguir andando (10,30-37). Jesús, que *sube* a Jerusalén, enseña a sus seguidores qué deben hacer para «heredar la vida eterna»: emprender «el camino» con un corazón que ve, se compadece y hace.

La perícopa posterior al texto en estudio continúa esta dinámica de movimiento. Al concluir el diálogo con el intérprete de la ley, el evangelista narra que «yendo ellos de camino, entró en un pueblo» y como parte del itinerario es recibido en la casa de Marta (10,38-42). El hacerse prójimo del herido del camino por parte del samaritano ha sido un «servicio»; por lo tanto, podemos interpretarlo como una *diakonía*, si bien tal palabra no aparece en nuestro texto. Sin embargo, con la palabra *diakonía* se describe el servicio que realiza Marta; por lo tanto, su «ir y venir» es un servicio diaconal que podemos comparar al del samaritano para salvar la vida del «medio muerto».

Más adelante, en el centro del capítulo 11, en un breve diálogo (27-28), se encuentra una bienaventuranza para «los que oyen la palabra de Dios y la guardan» (11,28); de esta manera, si en la perícopa inmediata al texto (10,48-42), «servicio» y «escucha» son las actitudes destacadas de los seguidores de Jesús; aquí se suma a ellas «guardar – observar», completando así las implicancias de la Ley que se había escuchado en la boca del intérprete de la Ley en 10,27. En el capítulo 12 se arriba a la última parte del contexto literario inmediato posterior. El centro ocupa el v. 47, donde se insiste en el cumplimiento de la voluntad del Señor.

Así, Lc 10,25-37, donde se ha afirmado la necesidad de «hacer la Ley» siendo prójimo del «herido del camino», ha encontrado eco en las perícopas que se han citado, sobre todo en 12,47 y en la curación de la mujer encorvada en sábado (13,10-17), donde se ve de qué manera Jesús mismo observa la Ley, amando a Dios (asiste a la sinagoga en sábado, según la costumbre judía) y al prójimo (sana a la mujer enferma), y desafiando la tradición sabática. Considerando el marcador formal de movimiento, la curación de la mujer encorvada en la sinagoga implica un movimiento, ya que en la narración se indica un nuevo lugar, no mencionado en las perícopas anteriores; por lo tanto: «enseñaba en sábado en una de las sinagogas» (13,10), implica un desplazamiento que ha hecho Jesús.

2. «Hacer» la ley para heredar la vida eterna

2.1. Un intérprete de la ley interesado en la herencia de la vida eterna

El diálogo inicia con la primera pregunta que el intérprete de la Ley (*nomikós*) hace a Jesús: «¿Habiendo hecho qué cosa heredaré la vida eterna?» (10,25)[16]. La aparición de este intérprete de la Ley remite a las otras ocurrencias en el evangelio, casi todas en plural: intérpretes de la Ley y junto a los fariseos[17]. Específicamente en 7,30 son acusados por Jesús de frustrar el plan de Dios. Por esta razón, se puede intuir que el texto se ubica ante una persona que se opone a Jesús y a su enseñanza. Más adelante, en 11,45ss, Jesús los maldice y en 14,3 les dirige una pregunta con intención de confrontación en el contexto de la curación del hombre que padecía de hidropesía.

Crimella observa que, si bien el evangelista no ha brindado datos sobre el lugar y el cuándo de la perícopa, se ha asegurado de que el personaje con quien Jesús mantiene el diálogo esté bien caracterizado. Este es alguien importante en la sociedad judía del tiempo de Jesús. En este estudio se ha optado por traducir *nomikós* por «intérprete de la Ley». Además, en Marcos, se usa un término más común en los sinópticos: escribas (*grammateús*; Mc 12,28), y Mateo habla de los fariseos, uno de los cuales es un intérprete de la Ley (*nomikós*; Mt 22,34-35). Entonces, este sería un jurista, un perito de la Ley, un doctor de la Ley o un maestro de la Torá y, tal como se ha observado arriba, es un oponente de Jesús[18].

---

[16] Las citas textuales de Lc 10,25-37 corresponden a una traducción personal. Las demás citas de la Biblia son de Biblia de Jerusalén, ⁴2009.
[17] Se exceptúa en singular para intérprete de la Ley solo en Lc 10,25 y para fariseo en Lc 7,39; 11,37-38.
[18] Cf. CRIMELLA, *Marta, Marta!*, 62.

El lector de Lucas, al recurrir a su «enciclopedia personal» y viendo que la conversación de Jesús es con un oponente y que este es un versado en la Ley, ya se prepara para escuchar una discusión sobre alguna acción del maestro itinerante de Galilea que no vaya acorde a la Ley o tal vez la opinión de Jesús sobre algún precepto de la Ley, entre otros. Y el evangelista se encarga de colocar antes de la pregunta una descripción cuyo núcleo gira en torno al verbo «levantarse» (*anístēmi*) y al participio «para ponerlo a prueba» (*ekpeirázōn*). Es sobre todo esta última palabra la que nos servirá de pista para detectar el tono del diálogo.

Entonces, el participio –*ekpeirázōn* (para ponerlo a prueba)– indica que el intérprete de la Ley no pregunta con buenas intenciones. Además, este mismo término es usado en el episodio de las tentaciones de Jesús en los tres sinópticos (Mt 4,2; Mc 1,13 y Lc 4,2). El intérprete de la Ley se acerca a Jesús con la intención de probarlo[19].

Siguiendo la opinión de M. Wolter, la afirmación indica que este personaje se constituye en una «contraimagen» de los discípulos, quienes en Lc 10,23-24 son llamados bienaventurados[20]. Claramente el intérprete de la Ley no pertenece al grupo que recibe la bienaventuranza. En primer lugar, porque ciertamente él no es discípulo de Jesús y en segundo lugar porque, con su actitud de querer tentar al maestro, no actúa con sen-

---

[19] Crimella, a partir de la afirmación: «El hombre se presenta a Jesús con intención de ponerlo a prueba», presenta las opiniones de algunos comentaristas, que para nada son unánimes sobre la interpretación del verbo *ekpeirázōn*. Algunos subrayan la actitud hostil del doctor de la Ley, otros únicamente la intención de probar de parte de una autoridad oficial y públicamente reconocida a un maestro que no tenía «la venia» de la oficialidad; y aún otros que no ven la intención de poner una trampa a Jesús. La posición de Crimella es que aquí se expresa el juego narrativo del autor; el narrador (*enunciatore primario*) trae en escena a un *enunciatore diferente*, sin que el punto de vista (*representato*) del doctor de la Ley corresponda a su discurso. Esto crea una falta de correspondencia entre el narrador y el personaje. Cf. CRIMELLA, *Marta, Marta!*, 64.

[20] «La presentación de un escriba recuerda las críticas de Jesús contra este grupo (véase 7,30) y, por lo tanto, coloca al cuestionador como una contraimagen de los discípulos, quienes fueron declarados bienaventurados en 10,23-24». WOLTER, *The Gospel according to Luke. II*, 74.

cillez, al contrario, bajo la apariencia de interés esconde otra intención. Por lo tanto, no es de aquellos a quienes se les revela la buena noticia, según el contexto inmediato de nuestro pasaje, y ante quienes Jesús eleva una alabanza al Padre «lleno de gozo en el Espíritu Santo» (Lc 10,21).

Junto al que se levanta (*anístēmi*) con un objetivo definido: «para ponerlo a prueba» (*ekpeirázōn*), aparece el otro personaje de la perícopa: es Jesús, referido en la forma pronominal *autón* (a él). Desde el inicio del camino a Jerusalén (Lc 9,51–10,24) aparece en primer lugar con el pronombre personal *autós* (él, 9,51; 9,59), a continuación, con el sustantivo Señor (9,54; 10,1; 10,17) y con el nombre propio Jesús (9,58; 9,62; 10,21). No diré nada más sobre Él por ahora, ya que se irá develando en la medida en que se avanza en el comentario.

Así, esta introducción presenta a los personajes (el intérprete de la Ley y Jesús) y expresa la motivación que genera el diálogo (para tentarlo) y el modo que se emplea para perseguir dicha finalidad (diciendo). El verbo «levantarse» y los participios «para ponerlo a prueba» y «diciendo» tienen como sujeto al intérprete de la Ley. Por lo tanto, este será el personaje activo de esta primera pregunta del diálogo, mientras que Jesús es el pasivo, pero con una escucha atenta que se deduce de la contrapregunta que sigue.

El intérprete de la Ley se dirige a Jesús con el título de Maestro. ¿Es un reconocimiento de su rol? ¿Es una manera irónica de dirigirse al galileo itinerante? Fitzmyer afirma que es un título honorífico y cita las instancias en las que Jesús es invocado con este título en Lucas[21]. Según Bovon, el intérprete de la Ley «reconoce la superioridad erudita de Jesús»[22]. Están en la misma línea las opiniones de Gómez Acebo[23] y de Delorme[24].

Mi opinión es que, si bien el intérprete de la Ley reconoce la autoridad de Jesús, no deja de manifestar cierta ironía en dicha

---

[21] Cf. FITZMYER, *El evangelio según Lucas. II*, 331. Lc 7,40; 9,38; 10,25; 11,45; 12,13; 18,18; 19,39; 20,21.28.39; 21,7.
[22] BOVON, *El Evangelio según San Lucas. II*, 113.
[23] Cf. GÓMEZ ACEBO, *Lucas*, 304.
[24] Cf. DELORME, *El riesgo de la palabra*, 78-79.

denominación. Deduzco esto de la primera parte del versículo, donde se explicita el motivo que genera el diálogo: «para ponerlo a prueba». Entonces se puede distinguir entre lo que dice —su acto de palabra— y lo que motiva su decir —aquello que se esconde detrás—. Delorme brinda el ejemplo del examinador:

> La pregunta del examinador no es una verdadera pregunta. Él no busca ampliar sus conocimientos, sino evaluar los del estudiante. Del mismo modo, el doctor de la Ley interroga como si quisiera ser instruido, mientras pretende, a partir de su propio saber, formarse un juicio sobre el de Jesús[25].

Su pregunta es: «¿Habiendo hecho qué cosa heredaré la vida eterna?». ¿Qué entendían por «vida eterna» los judíos de aquella época? Para responder a esta pregunta debemos remontarnos unos siglos atrás[26]. La mentalidad judía, movida primero por la *teología de la retribución* y más tarde por la apocalíptica, empezó a diferenciar a justos de pecadores, reconociendo que los primeros recibirán la vida eterna[27]. Específicamente en Dn 12,2

---

[25] DELORME, *El riesgo de la palabra,* 79.

[26] La teología de la retribución es la teología deuteronomista que establecía que el Señor bendecía, en este mundo, a aquellos que cumplían con sus mandamientos y castigaba a quienes nos los observaban. En un texto de tradición deuteronomista se lee: «Escucha, Israel; cuida de practicar lo que te hará feliz y por lo que te multiplicarás, como te ha dicho Yahveh, el Dios de tus padres, en la tierra que mana leche y miel» (Dt 6,3). También en un texto sacerdotal encontramos: «Honra a tu padre y a tu madre, para que se prolonguen tus días sobre la tierra que Yahveh, tu Dios, te va a dar» (Ex 20,12). Los profetas (Jr 12,1; Ml 3,13; Ha 1,1-4) y los sabios (Pr 13,25; Qo 9,11-12) reaccionaron contra esta concepción de la justicia divina. Afirma Andiñach: «Al sabio le preocupa el tema de la retribución y la injusticia al ver que el impío suele ser gratificado y el justo padece los golpes de la vida. [...] Si bien no se aviene a entender el porqué de las injusticias existenciales, al menos las reconoce e integra como una parte indeseable de la realidad». ANDIÑACH, *El Dios que está,* 328.

[27] «El judaísmo posterior (es decir, postexílico) adopta el principio de la recompensa y lo combina con la expectativa escatológica. La vida eterna se les promete a los justos como recompensa. Ya en esta vida hay recompensas y penas, pero también la muerte sirve para castigar a los malos y para expiar los pecados de los justos. A veces la idea de recompensa se presenta con imágenes comerciales, pero también está presente el concepto de la gracia y la misericordia divinas. La recompensa constituye un fuerte incentivo para guardar la Ley, aun-

se lee: «Muchos de los que duermen en el polvo de la tierra se despertarán, unos para la vida eterna, otros para el oprobio, para el horror eterno». No constituye un desprecio de la vida terrenal, sino que destaca que de la conducta en la vida presente depende la participación en la vida eterna. El intérprete de la Ley (como el hombre rico del capítulo 18) está interesado en lo que tiene que hacer para formar parte de los justos que «despertarán para la vida eterna»[28].

Se considera importante observar que «vida eterna» y «salvación eterna» son términos equivalentes. En varias ocasiones en la obra de Lucas Jesús recibe el título de «salvador» (Lc 2,11; Hch 5,31; 13,23). La salvación se presenta como uno de los efectos del acontecimiento Cristo. El autor del tercer sinóptico, conociendo además el ambiente contemporáneo, en el que la salvación se atribuía al emperador o a otros benefactores de la humanidad, presenta a Jesús como el único salvador (Hch 4,12)[29]. Así, se puede concluir que, en la perícopa el intérprete de la Ley, con la motivación de poner una prueba a Jesús, uti-

---

que algunos rabinos insisten vehementemente en que la Ley hay que guardarla por su propio valor y no solo por las recompensas que aporta. Si bien en última instancia la salvación dependerá del perdón de Dios, el énfasis sobre el logro humano induce una nota común de incertidumbre y conduce en ciertos círculos hacia la acumulación legalista de méritos con el fin de contrapesar las transgresiones». H. PREISKER, «μισθός», en G. KITTEL – G. FRIEDRICH, CompDTNT, 589.

[28] En Lc 18,18 encontraremos en la boca del «hombre rico» la misma pregunta: τί ποιήσας ζωὴν αἰώνιον κληρονομήσω. Partiendo de nuestra perícopa consideramos importante la temática «vida eterna» presentada como inclusión en 18,18-30, ya que ζωὴν αἰώνιον aparece en los vv. 18 y 30. Lucas, siguiendo el relato del evangelista Marcos, a que dejó de seguir al comienzo del viaje a Jerusalén (9,50), coloca el texto del «hombre rico» entre «Jesús y los niños» (18,15-17) y el «tercer anuncio de la Pasión» (18,31-34). El «hombre rico», como el νομικός de nuestra perícopa, es alguien importante en la sociedad del tiempo de Jesús, es un ἄρχων, es decir, un magistrado o un dirigente. La pregunta que plantea revela la sensibilidad religiosa de aquel tiempo en torno a la ζωὴν αἰώνιον y la respuesta de Jesús gira en torno a la Ley (Dt 5,17-20 en la versión de los LXX) en lo que respecta al amor al prójimo. Cuando el ἄρχων afirma que ha guardado (φυλάσσω) las ἐντολὰς, Jesús le pide dos cosas: «a) que venda todas sus procesiones y le distribuya el dinero a los pobres, y b) que se decida a seguirlo a él», así, «"Dios será su riqueza", es decir, "tendrá un tesoro en el cielo"». FITZMYER, El evangelio según Lucas. IV, 20. Cf. ROSSÉ, Il Vangelo di Luca, 701-710.

[29] Cf. FITZMYER, El evangelio según Lucas. I, 374.

liza un tema presente en el judaísmo y el paganismo de aquella época: el interés por la salvación[30].

La vida eterna se «hereda». Para profundizar en el sentido de la palabra «heredar» nos remitimos a la Biblia Hebrea. En ella *nakjál* (heredad) es el término con que se designa la posesión permanente de la tierra que Dios dará a Israel (cf. Ex 32,13; Nm 26,53); y en el Sal 37,9 se dice que «los que esperan en YHWH, ellos tomarán posesión de la tierra (*yarásh*)»[31]. En la LXX el verbo es traducido por *kleronoméo* (heredar). A su vez, esta promesa de heredar la tierra se amplió escatológicamente durante el destierro (cf. Ez 47,14) y con Daniel se especifica que esa «heredad» no se concederá sino «al final de los días» (Dn 12,13). Así se puede ver que se trata de una heredad transfigurada y espiritualizada (cf. Is 60,21; Lm 3,24). Esta evolución lleva también consigo una ampliación en sentido universal (cf. Ez 47,22), y así llega al Nuevo Testamento. Especialmente en Pablo la idea de la herencia es importante. La promesa hecha en otro tiempo a Abrahán y a su descendiente, Cristo Jesús, el heredero, quien

---

[30] «En el mundo grecorromano [contemporáneo al evangelista], el título *soter* era bien conocido y se utilizaba con mucha frecuencia; dioses, filósofos, médicos, estadista, reyes, emperadores fueron considerados, en determinadas ocasiones como *soter* [...]. En el apelativo soter no se puede descuidar su transfondo veterotestamentario, ya que en el Antiguo Testamento se aplica el título salvador tanto a cierto individuos suscitados por Dios para liberar a su pueblo (Jc 3,9.15) como al propio Dios; en cuanto liberador de sus escogidos (1 Sam 10,19; Is 45,15.21). Los LXX traducen esos pasajes con el término *soter* [...]. Probablemente, la aplicación cristiana de este título a Jesús debió de obedecer al influjo de estas dos corrientes». FITZMYER, *El evangelio según Lucas. I*, 343.

[31] A propósito del tema «heredar la tierra» la tesis de Eleuterio Ruíz es un estudio profundo sobre esta promesa. El autor tomando el salmo 37 hace un estudio exegético de este poema, que para muchos es sapiencial. Él defiende que esta afirmación es «superflua e inadecuada» y que lo que se encuentra en el salmo es la esperanza escatológica, que más que fruto de la corriente sapiencial sería de la profecía posexílica, especialmente el Déutero y Trito-Isaías, aunque también de Sofonías y Zacarías. Desde la certeza de la pronta intervención divina se propone la actitud de esperar en el Señor y perseverar en el bien. Toda la tesis aporta a la profundización del tema «heredar la tierra», pero de manera especial, en el comentario exegético, los temas teológicos desarrollados allí (la retribución, la tierra, los pobres, lo justo y lo malvado, el *mispat*, la escatología, la no-violencia) constituyen un aporte importante en torno al tema que estamos abordando en este apartado (RUIZ, *Los pobres tomarán posesión de la tierra*, 2009).

comunica tales promesas a su Iglesia (Gal 3,29; 4,1.7) y así los miembros de la Iglesia son «coherederos» de la promesa. En los evangelios, conservando el contexto escatológico y por lo tanto la recompensa positiva en el juicio, se llega a la expresión «heredar la vida eterna» (cf. Mc 10,17; Mt 19,29; Lc 10,25; 18,18[32]).

Con el interrogativo «habiendo hecho qué cosa» afirma Bovon que el intérprete de la Ley «pone a prueba la ortopraxis de Jesús más que su ortodoxia»[33]. Si bien estoy de acuerdo con el autor, me parece importante observar que ambas dimensiones se complementan, ya que no se puede afirmar una praxis correcta sin una doxa adecuada. Pero esta afirmación no es una regla general, porque puede ocurrir que personas con una doxa correcta tengan una praxis insuficiente o equivocada, o viceversa; justamente este el caso que veremos más adelante en la historia ejemplar. El desafío de «la herencia de la vida eterna» coloca al creyente en constante movimiento para «conocer» y «hacer» la Ley. Se irá profundizando en ambos aspectos a medida que se avance en el comentario.

Apenas empezada la perícopa se encuentra el verbo hacer (*poiéō*) que, como se vio, tiene ocurrencias en lugares estratégicos: en el primer diálogo (v. 25), donde el intérprete de la Ley desea saber qué hacer; en la contrarrespuesta de Jesús (v. 28), donde Jesús ordena poner en práctica «lo escrito y lo leído» en la Ley por medio del imperativo «haz» y promete en un futuro «vivir»; y, por último, dos veces en la segunda parte (v. 37a y 37d) al concluirse la perícopa. En el primer caso, el intérprete de la Ley responde sobre quién de los tres «fue prójimo» del herido, «el que hizo misericordia con él», y, en el segundo, Jesús ordena imitar la acción del que «se hizo» prójimo del herido: «tú haz igualmente».

Así, la primera pregunta del intérprete de la Ley presenta en nuestro texto dos temas que serán transversales: *poiéō* (hacer) y *zōèn aiónion klēronomésō* (heredar la vida eterna). Al final desaparecerá explícitamente el segundo tema por medio del

---

[32] Cf. FRIEDRICH, «κληρονομέω», en BALZ – SCHNEIDER (dirs.), DENT I, 2344-2348.
[33] BOVON, *El Evangelio según San Lucas. II*, 114.

recurso de la *entimema* o silogismo truncado, pero permanecerá en la mente del auditorio[34].

2.2. Un maestro que enseña preguntando

Jesús responde «sin responder»: «Él le dijo: en la Ley ¿qué está escrito? ¿Cómo lees?» (10,26). Es decir, considerando que el intérprete de la Ley ha hecho una pregunta concreta, la respuesta de Jesús no ha sido precisa, sino que abre un juego partiendo de quién es el que pregunta, alguien versado en la Ley, por lo tanto, lo remite a su propio campo[35]. Con esta dinámica se produce un cambio importante en el diálogo: Jesús asume el rol de Maestro[36]. Para ambos, judíos conocedores de la Torá, existe un lugar común de referencia y de autoridad divina: en la Ley. Por eso Jesús da pistas sobre dónde se encuentra la respuesta: en la misma Ley. Ambos conocen lo que «está escrito», pero pueden «leerla» de manera diferente, ya que cada grupo religioso del tiempo de Jesús podía interpretar de manera diferente algunos pasajes de la Torá.

La Ley está por encima de los dos y constituye la fuente de todo el ser y el hacer judíos. «¿Qué está escrito?» confronta a quien lee directamente con el contenido del texto donde la Ley está expresada. Una pregunta trascendental como la del versículo anterior tiene una respuesta cuya práctica debe atravesar toda la vida del creyente judío. «¿Qué está escrito?» informa al interlocutor el ámbito en el que es necesario buscar. No remite a la tradición rabínica, sino a la autoridad de la Torá misma, para que desde allí se pueda resolver la pregunta. De esta manera el perito en la Ley es remitido a la Ley y así también Jesús se muestra como un experto en la Ley[37].

---

[34] Cf. WOLTER, *The Gospel according to Luke. II,* 72.
[35] Dice al respecto Vinson: «Jesús, utilizando el antiguo principio educativo de que un buen maestro nunca responde una pregunta que el alumno puede responder por sí mismo, hace una contrapregunta»; VINSON, *Luke,* 336.
[36] Cf. ROSSÉ, *Il Vangelo di Luca,* 404.
[37] Cf. CRIMELLA, *Marta, Marta!,* 68.

La otra pregunta, ¿cómo lees?, se refiere a la interpretación. De esta forma, Jesús reconoce al intérprete de la Ley como alguien capaz de hacer una hermenéutica del texto que lee. Es una persona autorizada para profundizar en la riqueza de la Escritura y nutrir con ella «su camino» hacia la vida eterna[38].

El «qué está escrito» requiere un «cómo lees». Ya se puede vislumbrar, desde el inicio, la búsqueda pragmática que atraviesa toda la perícopa. Se ha explicitado por medio de «hacer» (que ya apareció en el versículo anterior) y que seguirá presente hasta el final del texto, como se ha mostrado en detalle. Todo conocimiento necesita una práctica para convertirse en algo significativo en la vida del hombre. Por eso, Jesús, partiendo del conocimiento del intérprete de la Ley, lo pone en acción para buscar de qué manera aplicar ese conocimiento.

Las preguntas de Jesús reflejan su pedagogía. Si bien en el evangelio de Lucas sería el reflejo del conocimiento del método retórico del autor, podemos inferir que se ve que Jesús posee la capacidad de acceder en lo más recóndito del ser humano. Lo hace desde la puerta que el hombre puede abrirle. Así, en este caso, con un intérprete de la Ley, accede por medio de la Ley, y, de esta forma, al recorrer el evangelio de Lucas se observa desde qué perspectiva Jesús entra en el mundo interior del otro por medio de lo que el otro es capaz de abrirle[39].

---

[38] Cf. CRIMELLA, *Marta, Marta!*, 69.

[39] Con los primeros discípulos establece una relación a partir de la realidad de una pesca infructuosa (Lc 5,1-11); con los enfermos a partir de su falta de salud devolviéndoles aquello de lo que carecen (5,12-14.17-20; 6,6-11; 8,43-48.49-55; 17,14;18,35-43; etc.); con los que se encuentran en situaciones de dolor y marginación, ofreciéndoles una nueva oportunidad (7,11-16.37-50; 8,2-3; 15,1-3; 19,1-10). Así, Jesús establece una relación de cercanía con diferentes personas partiendo del lugar en que ellas están. Por eso podemos ver que los diferentes milagros de sanación y resurrección son encuentros salvadores. Destacamos que parte del lugar donde se encuentra el otro, pero sin dejar de lado que él mismo es quien se acerca. Bien sabemos que para que se produzca un encuentro es necesario «derribar los muros» que lo puedan dificultar y «construir puentes» que puedan unir. A modo de ejemplo traído del ámbito de la construcción, podemos afirmar que el puente que construye Jesús tiene en el cimiento «los escombros» de las personas en situación de carencia y «las piedras» de la fuerza que regala Jesús. De esta manera las visitas a las casas se convierten en actos de salvación: en la casa del fariseo Simón (7,36-50); de Marta y María

Y, entonces, aparece la respuesta del intérprete de la Ley:
«Él respondiendo, dijo: Amarás al Señor tu Dios, desde todo tu
corazón y con toda tu alma y con toda tu fuerza y con toda
tu mente, y a tu prójimo como a ti mismo» (v. 27).

La respuesta del *nomikós* es la unión de las citas de Dt 6,5 y
Lv 19,18b[40]. Aplica una técnica exegética rabínica llamada *gezerâ
sawâ*, que consiste en unir dos textos escriturísticos que contienen una misma palabra clave, con el fin de interpretar uno
a la luz del otro.

Ambas citas tienen su peso en la vida del judío. La primera,
aunque no literalmente, es parte del «*Shemá Israel*» (Dt 6,4-9).
Es una de las principales plegarias que se repiten al comienzo
y al final del día. La segunda se encuentra dentro del Código de
Santidad (Lv 17–26)[41]. En la Ley están las dos citas que, en la
boca del *nomikós*, se convierten en una sola. El verbo que une
los dos pasajes del Pentateuco es *agapáō*. En el texto de la LXX,
tanto Dt 6,5 como Lv 19,18b contienen el verbo *agapáō*; sin
embargo, en el texto de Lucas, al citarse Lv 19,18b, el objeto de
agapáō es *tòn plēsíon sou* (tu prójimo); allí el verbo está elidido,
pero por medio del nexo coordinante *kai* (y) se indica que el
prójimo también será objeto del amor y se pone como referencia del amor al prójimo, el amor a uno mismo: *hos seautón*.

En la perícopa es notorio el tiempo futuro utilizado con el
verbo *agapáō*. Se sabe que, en griego como también en español,
el futuro de la segunda persona de un verbo suele tener un
valor imperativo. Sin embargo, en una orden, es diferente re-
cibirla con un simple imperativo («ama») que con el futuro

---

[40] (10,38-42); de Zaqueo (19,1-10). Las comidas con publicanos y pecadores, como
en casa de Leví (5,29-32), es una presencia cercana, que no juzga, sino que
«acoge a los pecadores y come con ellos» (15,2).

[40] La redacción de Lucas coincide con la versión de la LXX, pero con algunas
pequeñas variantes: cita cuatro facultades en vez de las tres que aparecen en
Dt 6,5, añadiendo διάνοια. Y sustituye δύναμις por ἰσχύς. Cf. LATTKE, «διάνοια», en
DENT I, 935.

[41] En el código de santidad (Lv 17–26) están expuestas las acciones que, inspiradas
en el temor de Dios, permiten al judío piadoso acercarse a esta cualidad divina.
Luego de las instrucciones sobre las inmolaciones y sacrificios (Lv 17,1-16), y las
normas sobre la pureza ritual (Lv 18,1-30), se encuentran las prescripciones mora-
les (Lv 19,1-37). Dentro de estas últimas, está la cita en cuestión, en Lv 19,18.

(«amarás»). La segunda sitúa ante nosotros una nueva dimensión semántica:

> Hay, en el «amarás», algo de no cumplido, algo que pide llegar
> a ser. Un porvenir se abre para el «Tú» que escucha y se encuentra llamado a devenir en un «Tú» que ama. El mandamiento se
> inscribe en el tiempo para que se realice amando[42].

El «amarás» dirigido a Dios se especifica citando las dimensiones de la persona involucrada en el acto de amor: es todo el hombre que debe amar a Dios. Para el corazón, el griego de la LXX está traduciendo la palabra hebrea *lēb* y no el sentido que tenía *kardía* en griego; por lo tanto, *kardía* es aquí el interior del hombre, sede del entendimiento y de la voluntad[43]. El término *psyjé* de la LXX, que se encuentra en nuestra perícopa, está traduciendo *nfš* del texto hebreo y expresa el principio de la vitalidad, por medio del cual el hombre se encuentra en contacto con Dios[44]. La *isjýs* en el NT aparece con el significado de potencia y fortaleza; como los términos anteriores, también tiene el trasfondo de la Biblia hebrea[45]. Con *diánoia* se identifican el pensamiento y el entendimiento. Estas cuatro dimensiones definen a la persona: desde su totalidad el hombre amará a Dios[46].

> Sorprende esta insistencia en la totalidad, pero una totalidad
> diversificada o fragmentada. Solo puede ser evocada bajo los
> diversos aspectos de un sujeto complejo, como si se tratase de
> llamar a retirada a todo lo que en él tiende a dividirlo o dispersarlo. [...] Pues es para amar que el ser entero es convocado y es
> amando como se unifica. [...] Solo el Único (Dios) es digno y capaz
> de atraer y unificar todas las capacidades del sujeto amante[47].

---

[42] Delorme, *El riesgo de la palabra,* 81.
[43] Sand, «Καρδία», en DENT I, 2196-2199.
[44] Cf. Sand, «ψυχή», en DENT II, 2182-2189.
[45] Cf. Paulsen «ἰσχύω», en DENT I, 2066.
[46] Cf. Lattke, voz «διάνοια», en DENT I, 935.
[47] Delorme, *El riesgo de la palabra,* 82.

A su vez, llama la atención las cuatro repeticiones de *hólos* (todo). Con ello podemos vislumbrar que hay un reclamo de amor total, que involucra la realidad más interior y profunda del hombre, porque la primacía del amor de Dios no puede sino reclamar la totalidad de cada una de las dimensiones de la persona. Y es a esta tarea de responder íntegramente al amor de Dios a la que debe dedicarse el hombre para heredar la vida eterna.

Otro detalle que se puede observar en la diferencia entre el texto de la LXX y el de Lucas es el uso de las preposiciones. La LXX emplea en las tres ocasiones *ek*, mientras que Lucas reserva dicha preposición para *kardía* y tres veces emplea *en* para *psyjé*, *isjýs* y *diánoia*[48]. Pienso que el orden no es simple yuxtaposición. Este podría explicar una cierta jerarquía y es significativo que la diferencia se dé con el primer sustantivo, es decir, *kardía*; el corazón no solo está primero en el orden, sino que también tiene cierta prioridad subrayada por la preposición que a él se refiere. Traduciendo literalmente sería «desde todo tu corazón» y, así, esta traducción nos remite al significado de *lēb*; ya que se observaba más arriba que con este sustantivo se designa el interior del hombre, sede del entendimiento y de la voluntad. Entonces, es desde su interior, desde la profundidad de su entendimiento y su voluntad que el hombre debe amar a Dios. Y teniendo en primer lugar este centro vital, las demás facultades: *psyjé*, *isjýs* y *diánoia*, acompañadas de la preposición *en*, es decir, «con», se unen para intensificar este amor que deberá ser total.

La segunda parte, que reproduce literalmente el texto de la versión de la LXX de Lv 19,19b es el amor al prójimo. Está indisolublemente unida a la primera parte que es de Dt 6,5 y, si bien no se especifican las diferentes dimensiones involucradas en el amor a Dios, no por eso el amor al prójimo resulta de segundo grado. *Tòn plēsíon sou hōs seautón* (el prójimo tuyo como a ti mismo) conlleva toda la carga de las diferentes dimensiones

---

[48] En los otros sinópticos encontramos la siguiente secuencia: Mc 12,30: *ek / ek / ek* y Mt 22,37: *en / en / en*.

citadas: corazón, alma, fuerza y entendimiento, partes integrantes del ser humano. A partir de esas dimensiones integradas, debe ser reconocido y amado el ser del otro.

A su vez el amor que ha de brindarse al otro supone el amor a uno mismo: *hōs seautón*. En la perícopa anterior a la que se está estudiando (10,23-24) se encuentra la bienaventuranza de los discípulos. Allí el evangelista presenta el privilegio de los seguidores de Jesús, ya que son testigos de la intervención de Dios en la historia, por lo tanto, esta bienaventuranza es una base convincente para la sana autoestima del discípulo. A su vez, en un texto posterior (12,22-32), se encuentra la enseñanza sobre el abandono en la providencia. El discípulo está llamado a amarse a sí mismo porque sabe que Dios providente lo ama y le provee lo necesario para vivir: comida, bebida y vestido (12,29); la perícopa concluye con una promesa escatológica: «No temas, pequeño rebaño, porque a vuestro Padre le ha parecido bien daros a vosotros el Reino» (Lc 12,32).

J. Delorme presenta la posible ambigüedad en la frase sobre el amor al prójimo. Amar al otro como si el otro fuera uno mismo podría ser una forma sutil de amarse a sí mismo; por lo tanto, corre el riesgo de ser un acto egoísta. Sin embargo, si se afirma que se ama al otro como uno se ama a sí mismo, allí permanece la diferencia[49]. Entonces, considerando la diferencia entre el que ama y el que es amado, el amor juega un rol de puente en la alteridad. Me es posible amar al otro porque es igual a mí, en cuanto es un ser humano como yo; pero también es diferente a mí, por su procedencia étnica, carácter, credo, etc.; sin embargo, más allá de las diferencias permanece lo esencial: es un ser humano.

En la LXX *agapáō* traduce generalmente el hebreo '*hb*. En la perícopa el evangelista interpreta el amor al prójimo como una compasión activa que más adelante se explicitará en la historia ejemplar (Lc 10,33.37). El modelo de esta compasión no es otra que la misma compasión de Dios, como se refleja en la conclusión de la perícopa sobre el amor a los enemigos: «Sean com-

---

[49] Cf. DELORME, *El riesgo de la palabra*, 83.

pasivos como es compasivo el Padre de ustedes» (Lc 6,36). Así el verbo *agapáō,* uniendo las citas de Dt y Lv, revela la realidad profunda del amor, que no solo unifica la Ley, sino también, unificando al hombre que la practica (corazón, espíritu, fuerza y entendimiento), le permite vivir un amor único que actúa (como se revela en la historia ejemplar), que viene de Dios y se extiende a los otros.

2.3. Un maestro que califica y promete

El que inició la conversación con Jesús «para tentarle» ahora recibe del Maestro la calificación de su respuesta: «Correctamente respondiste. Esto haz y vivirás» (v. 28). Esta contrarrespuesta de Jesús adquiere la fuerza de una aprobación a la intervención del intérprete de la Ley, quien ha manifestado su pericia sobre la Ley. El maestro (Jesús) afirma que ha respondido correctamente y reafirma la promesa de la vida.

El *nomikós* quería saber «habiendo hecho qué cosa heredaré la vida eterna», ya sabe que en la Ley se encuentra el camino que conduce a ella. En la contrarrespuesta de Jesús aparecen dos verbos en tiempos diferentes, donde el *kai* (y) en la secuencia con el verbo da el matiz de finalidad, pudiendo traducirse así: «Esto haz para vivir». Con (esto) haz, en imperativo presente, Jesús afirma la importancia de la práctica de la Ley. Por medio de «vivirás» en futuro de la voz media se expresa la promesa de la vida. Aquí la utilización de esta voz manifiesta que la acción realizada en el presente redundará en beneficio y provecho personal en el futuro, es decir, alcanzará la vida. Afirma Delorme:

> Amar viene a abrir al otro al hombre en busca de su propia vida. [...] Vivir es desplazado en el tiempo con respecto a amar. Pero vivir en el futuro es transformado por el amar en el presente[50].

---

[50] DELORME, *El riesgo de la palabra*, 84.

En otro orden de cosas, el «haz» completa las «potenciali-dades» en torno a la Ley. En el v. 26 veíamos que hay que saber qué está escrito en ella y cómo leerla, pero para que la Ley tenga vida y conduzca a la vida debe ser puesta en práctica; así se constituye en medio para alcanzar la vida futura.

> El futuro ha de hacerse desde ahora. La Ley no anuncia el por-venir, dinamiza hacia el porvenir el actuar presente. Jesús [...] expresa la lógica de la Ley: no existe solo para saberla, existe para realizarla, en el presente. Es Palabra que abre un camino a seguir[51].

3. «Hacer» la ley «haciéndose prójimo»

3.1. ¿Quién es mi prójimo?

Pareciera que no hay nada más que discutir luego de la respues-ta imperativa de Jesús en el v. 28. Sin embargo, el intérprete de la Ley, «queriendo justificarse», reanuda el diálogo.

En la opinión de los exégetas, «queriendo justificarse» quie-re decir «que la pregunta planteada a Jesús era pertinente», siendo así el reflejo de una actitud defensiva o una búsqueda de demostración de que él es justo porque es un buen practi-cante de la Ley. Al ser un experto en la Ley, debe conocer las diferentes posturas sobre quién es considerado prójimo en el judaísmo. Tal vez él mismo tiene su propia postura y busca confrontarla con la de Jesús. Si esta es su intención, no podrá hacerlo, ya que Jesús, por medio de la historia ejemplar y la contrapregunta que se desprende de ella, cambia el centro de atención al que se dirige la pregunta del *nomikós.* Como se verá más adelante, Jesús más que poner la atención en el prójimo, subrayará la importancia de «hacerse prójimo». El otro es un sujeto digno de amor, que desde su presencia próxima revolu-

---

[51] DELORME, *El riesgo de la palabra,* 83.

ciona la posición concéntrica del «yo» y pone en el centro de las acciones el «tú»[52].

El término *plēsíon* (prójimo) aparece 225 veces en la LXX, principalmente traduciendo la palabra *rē'a*. El término significa familiar, pariente, asociado, compañero. La gama de tratos posibles abarca las diferentes relaciones: amigo, amante, compañero, vecino o semejante. Todas ellas se dan entre los que adoran al único Dios de la Alianza. Cuando *rē'a* aparece en los textos legales, se destaca el carácter general, propio de una legislación. A veces se da específicamente a un pueblo, como es el caso del Código de Santidad en Lv 19. También se encuentra en algunos textos una inclusión de los forasteros residentes en el territorio (Lv 19,34).

Junto a la corriente de restricción del término a los judíos o a los prosélitos totalmente incorporados, o en la comunidad de Qumrán solo a los miembros de la secta, se encuentran voces a favor de la ampliación. La LXX, al utilizar el término *plēsíon*, opta efectivamente por la interpretación más amplia, probablemente apoyada por la tradición judía helenística. Toma como fundamento doctrinal la semejanza divina en todo ser humano. A partir de allí, todos los hombres son sujetos de respeto.[53]

El NT continúa la acepción más amplia de la palabra, manifestándose como heredero de esta tradición. De las 16 ocurrencias del término en el NT, 12 se dan en las citas de Dt 6,4-5 y Lv 19,18[54]. En Mc 12,28ss, Mt 22,34ss y Lc 10,25ss (los textos que nos interesan por ser paralelos entre sí con la primera parte de la perícopa que estamos trabajando), aparece el término *plēsíon* citando Lv 19,18 junto a Dt 6,4-5. Así, el término forma parte del doble mandamiento del amor a Dios y al prójimo.

Al leer con atención los evangelios y teniendo de fondo las costumbres judías, se puede encontrar cierta confrontación de

---

[52] Cf. Spicq, *Ágape en el Nuevo Testamento*, 238-239.
[53] *Ib.*, 239.
[54] Los 12 casos en que se dan las citas de Dt 6,4-5 y Lv 19,18 son: Mt 19,19; 22,39; Mc 12,31; 12,33; Lc 10,27; 10,29; 10,36; Rom 13,9; 13,10; 15,2; Gal 5,14 y Sant 2,8. Los otros cuatro casos también se encuentran en contextos ético-jurídicos: Mt 5,43; Hch 7,27, Ef 4,25 y Sant 4,12.

la ética de Jesús con la tradición del AT y del judaísmo. Esto se puede observar en el mandato de Jesús de «amar» y «rogar» por los enemigos. De este modo, Jesús invalida la restricción del mandamiento del amor al hermano o al amigo, y lo extiende[55]. Sin embargo, la perícopa (Lc 10,25-37) es la que mejor ilustra esta evolución de *plēsíon* en la óptica del NT. En 10,36, como se verá más adelante, se presenta toda una novedad en la aplicación de prójimo. La interpretación tradicional del término siempre ha designado el papel activo en la interacción.

La pregunta del intérprete de la Ley en el v. 29 permite a Jesús ahondar en el significado del término prójimo. Así, todo seguidor del maestro podrá hacer suya la misma tarea encomendada al *nomikós*: «esto haz». El discípulo de Jesús deberá vivir el espíritu de la Ley «haciendo la Ley» en el amor a Dios y al prójimo.

3.2. Los giros sorpresivos de la compasión

[30a]Contestando Jesús dijo:

«[b]Cierto hombre bajaba de Jerusalén a Jericó, [c]y cayó [en manos] de ladrones, [c1]quienes habiéndolo desnudado y después habiéndole dado golpes, se fueron habiéndolo dejado medio muerto. [31a]Y, por casualidad, cierto sacerdote bajaba por aquel camino, [b]y aunque lo vio, se fue por el otro lado. [32a]E igualmente también un levita, habiendo llegado al lugar, aunque se acercó y lo vio se fue por el otro lado. [33a]Pero cierto samaritano mientras iba de camino, llegó junto a él, [b]y habiéndolo visto fue movido a compasión,

---

[55] Al respecto del mandamiento de amor a los enemigos, afirma Meier: «Algunos dichos de Jesús son tan directos que resultan especialmente desconcertantes, escandalosos y, en consecuencia, memorables [...]. El Jesús histórico parece haberse esforzado en potenciar el efecto de algunas de sus enseñanzas más incómodas o retadoras expresándolas en formulaciones concisas y directas [...]. Así pues, "amad a vuestros enemigos» concuerda perfectamente con el estilo escueto y llano de este desconcertante profeta". MEIER, *Un judío marginal. IV*, 558.

³⁴ᵃy, después de acercarse vendó las heridas de él derramando aceite y vino, ᵇhabiéndolo montado sobre su propia cabalgadura, lo llevó a un albergue ᶜy cuidó de él.

³⁵ᵃY al día siguiente, habiendo sacado dos denarios, los dio al dueño del albergue ᵇy dijo: "ᶜ¹Cuida de él, ᶜ²y lo que gastares de más, yo cuando vuelva, ᶜ³te lo pagaré".

³⁶ᵃ¿Quién de estos tres, te parece que fue prójimo del que cayó [en manos] de los ladrones?».

Esta parte del texto está compuesta por la historia ejemplar y la explicitación de la contrapregunta. Luego de la introducción del discurso directo, «contestando Jesús dijo», la forma diálogo da paso a la narración. Se emplea el tiempo histórico, es decir, el aoristo.

a) Un «don nadie» que representa a todos

En la situación inicial (v. 30b) es presentado el protagonista de la historia ejemplar: *ánthrōpós tis* (un cierto hombre). Un hombre anónimo, del que no se especifica nada más que su estar «en camino», por medio de la descripción «bajaba de Jerusalén a Jericó». No se dice nada sobre su pertenencia étnica. Es un *ánthrōpós tis*, es decir, un ser humano, «un individuo que no posee otra determinación que su pertenencia a la humanidad»[56]. Lucas no dice nada más. Este silencio sobre la identidad del «cierto hombre» ha inquietado a varios exégetas y, de hecho, algunos han buscado identificarlo con un judío. Es un hombre «en camino» y pasará por diferentes estados: caminante, víctima, *hēmithanē* (medio muerto) ignorado, compadecido y cuidado. En torno a este protagonista aparecerán los otros: sacerdote, levita y samaritano.

La historia ejemplar tiene lugar en un camino concreto, entre la ciudad santa de Jerusalén y la ciudad de las palmeras (cf. Dt 34,3; 2 Cr 28,15), Jericó[57].

---

[56] DELORME, *El riesgo de la palabra*, 87.
[57] La historia ejemplar menciona un itinerario ficticio, aunque verosímil. Sin embargo, nos parece importante hacer una observación de los caminos que

A los fines de profundización de nuestro texto es especialmente importante el trayecto entre Jerusalén y Jericó. Abandonando el oasis de Jericó (250 metros bajo el nivel del mar), los peregrinos se internaban en el desierto de Judá e iniciaban la subida por las escarpadas laderas. Este es un trayecto de aproximadamente 20 km en un área empinada, solitaria y árida, que los conduciría a la Ciudad Santa, Jerusalén (740 metros sobre el nivel del mar). Este reducido espacio geográfico (el descenso o ascenso) es de aproximadamente 1 km. Es en este trayecto donde se ubica nuestro relato ejemplar.

b) Un «don nadie» caído en desgracia

[30c]y cayó [en manos] de ladrones, [c1]quienes habiéndolo desnudado y después habiéndole dado golpes, se fueron, habiéndolo dejado medio muerto.

[31a]Por casualidad cierto sacerdote bajaba por aquel camino, [b]y aunque lo vio, se fue por el otro lado.

[32a]Igualmente también un levita, habiendo llegado al lugar, aunque se acercó y lo vio se fue por el otro lado.

En el v. 30c empieza el nudo de la historia ejemplar. Permanece como escenario el camino, por el que transitan diversos actores. Los primeros en aparecer, luego del *ánthrōpós tis*, son los *lēstaî* (ladrones)[58]: en una suma de acciones convierten al «cierto

---

habría recorrido Jesús y sus discípulos desde Galilea a Jerusalén, según los sinópticos. El evangelio de Lucas es el que más vacilaciones presenta con respecto a la geografía, pero, tomando informaciones que nos proporcionan Marcos y también Mateo, podemos concluir el siguiente posible itinerario. Para evitar el paso por la región samaritana, es probable que escogieran otro camino más largo, pero también más seguro. Desde el sur del lago de Genesaret atravesaban el Jordán y continuaban por su margen izquierda hasta poco antes de llegar al mar Muerto. A la altura de Jericó atravesaban los vados del Jordán y entraban en la provincia romana de Judea, a unos 30 km de Jerusalén. Aquí se encontraban con la primera ciudad, Jericó, donde estaba el puesto de guardia y el control aduanero. Desde aquí subiendo la montaña se hallaba la ciudad de Jerusalén que constituía el término de la peregrinación. Cf. GONZÁLEZ ECHEGARAY, *Arqueología y evangelios*, 117.

[58] En la obra de Josefo y en los evangelios sinópicos, *lēstaî* tiene un doble significado: por un lado ladrones, bandoleros, bandidos; por otro lado, en estas

hombre» en un *hēmithanē*[59]. Este hombre, al caer en manos de los bandidos, es desnudado, golpeado y dejado medio muerto. Es la suma de acciones violentas de los ladrones hacia el «cierto hombre» la que lo deja en esa situación. Se cuenta qué es lo que le han propiciado, violencia expresada en golpes hasta dejarlo desnudo y medio muerto. No se narra lo que le han quitado en bienes materiales, aunque sí indirectamente se habla de que le sacaron la ropa. Es probable que este hombre portara algunos bienes necesarios para todo aquel que emprenda un viaje: dinero, alimentos, ropa e incluso una cabalgadura. De todo ello fue privado por los ladrones, solo le dejan lo más importante y a su vez lo más frágil: la vida, aunque en la situación más lamentable. Es un «cierto hombre» convertido en medio muerto.

Al dejarlo desnudo, los bandidos lo privan de ser identificado por su condición social o por su pertenencia a algún grupo (esenio, fariseo, zelota, etc.)[60]. Lo dejan tendido en el camino, entre la vida y la muerte. De viandante se ha convertido en agonizante[61]. El *hēmithanē* no tiene la posibilidad de salir de ese estado sin la ayuda de otro. Por otra parte, si nadie es capaz de brindarle ayuda, lo más probable es que de medio muerto se convierta en muerto.

Este hombre, medio muerto en el camino, es un llamado de atención, imposible de no ser visto. Efectivamente, los tres personajes que van a pasar por allí lo ven. Pero solo el último será capaz de unir la visión con la acción que necesita el agonizante.

---

obras y en Juan, es empleado para referirse a revolucionarios, insurrectos y guerrilleros. El término está en plural porque estos hombres acostumbran reunirse en grupos armados para atacar a los transeúntes. Cf. Danker, *A Greek-English Lexicon of the New Testament and other Early Christian Literature*.

[59] Este término es un *hapax legómenon* en el NT, designa al herido medio muerto. Encontramos atestiguado en un apócrifo que es parte del canon de la Iglesia Ortodoxa, en el libro 4 M 4,11: caído, medio muerto (*hēmithanē*), en la verja del atrio de los gentiles, Apolonio...). Cf. Kellermann «ἡμιθανῆ», en DENT I, 1794.

[60] Cf. Knowles, «What was the victim wearing?», 145-174.

[61] Cf. Crimella, *Marta, Marta!*, 91.

Siguiendo con los personajes que pasan cerca del herido del camino, a continuación, entran en escena el sacerdote y el levita.

c) Un «don nadie» ignorado

Frente al anónimo agonizante, los tres actores que se suceden son dueños de una identidad bien definida. Los dos primeros guardan estrecha relación con el culto en el templo de Jerusalén: sacerdote y levita. Son funcionarios del culto legítimo. El último, en cambio, es alguien definido por el contexto religioso como apóstata, es un samaritano.

Entre las respectivas acciones del sacerdote y el levita observamos un *crescendo*, que reflejamos en la traducción.

Personajes	Acciones			
Sacerdote	bajaba por aquel camino		y aunque lo vio	se fue por el otro lado
Levita	habiendo llegado al lugar	aunque se acercó	y vio	se fue por el otro lado

Era costumbre que los sacerdotes se turnaran para el servicio en el templo de Jerusalén. Subían allí para cumplir con sus tareas cultuales y luego regresaban a sus casas. Probablemente, la narración hace referencia a uno de estos sacerdotes. Fuentes rabínicas posteriores indican que Jericó era una de las ciudades de residencia de algunos sacerdotes que realizaban su tarea litúrgica en Jerusalén[62].

Las acciones del sacerdote, como se puede observar en el recuadro, son tres: en primer lugar, «bajaba por aquel camino». Sería un camino bastante conocido para él, por lo que observábamos en el párrafo anterior. Esta vez tenía una gran novedad:

---

[62] Cf. FITZMYER, *El evangelio según Lucas. III*, 284.

ve a un hombre anónimo agonizante. ¿Qué acción se espera de este hombre, ministro del culto? Que socorra al medio muerto, pero eso no sucede. El sacerdote «se fue por el otro lado» del camino.

Hay diferentes opiniones sobre la razón de no acercarse al herido, pero más allá de todas las suposiciones, se observa con objetividad que el sacerdote, habiendo visto al herido, dio un rodeo. Recibió la información de su situación porque «lo vio», pero no fue capaz de auxiliarlo. Esta indiferencia es muy grave porque se está jugando la vida y la muerte del herido[63].

El narrador introduce en un segundo momento a otro viajero, esta vez se trata de un levita. También es una persona relacionada con el culto en el templo de Jerusalén. Con este apelativo en el AT se designaba a los descendientes de Leví, el tercer hijo de Jacob (cf. Gn 29,34). En el servicio del culto en el templo tenían a su cargo funciones secundarias. Luego del regreso del exilio en Babilonia, los pocos que quedaban alcanzaron una consideración social importante, que les daba derecho a cobrar el diezmo de los servicios sacerdotales.

El levita llegó al lugar, es decir, al mismo lugar por donde pasó el sacerdote, por lo tanto, recibió la misma información que el sacerdote e incluso pudo haber sido más, ya que este realizó dos acciones al mismo tiempo: «se acercó y vio». Sin embargo, la acción final es la misma que la del sacerdote: «se fue por el otro lado» del camino (*antiparēlthen*).

---

[63] Según Lv 21,1-4 un sacerdote no debe tocar cadáver, excepto el de su familia, pero según Vinson, es un error asignar este motivo a este sacerdote en este caso particular. Y el autor expone tres motivos para justificar su afirmación: primero, según el autor en la práctica del judaísmo en los tiempos de Jesús es probable que los sacerdotes, como todos los judíos, creyeran que la Torá pone «salvar la vida» por delante de cualquier regla de pureza; en segundo lugar, dado que no estaba claro que el hombre estaba muerto, el sacerdote no estaría desobedeciendo el precepto de Lv sobre la restricción para acercarse a un cadáver, ya que no estaba manejando deliberadamente un muerto; y, tercero, el sacerdote, como el hombre herido, se alejaba de Jerusalén y, si el hombre estaba muerto, el sacerdote (como el justo Tobit en Tb 1,18 y 2,1-8) habría estado haciendo un acto justo enterrando al hombre, y habría tenido tiempo de purificarse antes de su próxima ronda de servicio en el templo. Cf. VINSON, *Luke*, 339-340.

De primera, ambos recibieron información sobre el hombre anónimo tendido en el camino. Ambos lo vieron, pero a pesar de ello «permanecen exteriores a lo que ven. [...] Han visto un obstáculo. Les basta con tener dos ojos para verlo y dos piernas para evitarlo y largarse»[64].

En la acción final, «se fue por el otro lado del camino», se puede ver un alejamiento del foco del problema. En vez de convertirse en un agente de solución de la situación complicada, este es simplemente un observador externo que recibe la información, que tal vez ni siquiera quiso recibir, y se aleja de allí. El hecho de que el levita realizara dos acciones que le permitieron conocer más de cerca que el sacerdote la situación del herido: «se acercó y vio» (*elthōv kaì idōn*), hace que el *antiparēlthen* sea como una evasión. Tal vez no tiene tiempo para socorrer al herido, pero este «alejarse» sin más del problema, que podría haber tenido una solución por medio del socorro que pudo haber brindado, convierte el *antiparēlthen* en un acto de indiferencia e insensibilidad.

El sacerdote y el levita, para continuar su camino, hacen un «pequeño desvío» y siguen persiguiendo el objetivo por el cual estaban en esa ruta. Afirma al respecto Delorme:

> Pequeño desvío, grande en consecuencias para el hombre herido, abandonado a la obra de la muerte. [...] Al no hacer nada por el otro, dejan que se realice lo que han hecho los bandidos. [...] Dejar de hacer es aún una manera de hacer[65].

Ellos, servidores de Yahvé en el templo de Jerusalén, hombres de Dios que se supone aman a Dios, demuestran con sus acciones que carecen del amor al prójimo.

d) El «hereje y extranjero» compasivo

[33a]Pero cierto samaritano mientras iba de camino, llegó junto a él, [b]y habiéndolo visto fue movido a compasión,

---

[64] DELORME, *El riesgo de la palabra,* 90.
[65] *Ib.,* 92.

[34a]y, después de acercarse, vendó sus heridas derramando aceite y vino, [b]habiéndolo montado sobre su propia cabalgadura, lo llevó a un albergue [c]y cuidó de él.

[35a]Y al día siguiente, habiendo sacado dos denarios, los dio al dueño del albergue [b]y dijo: «[c1]Cuida de él, [c2]y lo que gastares de más, yo cuando vuelva te pagaré».

Como los dos personajes relacionados con el culto, llega al mismo lugar un samaritano. También él ve a un hombre despojado de todo, entre la vida y la muerte. Pero reacciona de manera totalmente diferente a los dos personajes anteriores: «y habiéndolo visto fue movido a compasión» (*kaì idōn esplagjnísthē*).

Para una exposición ordenada, se dividirá lo que sigue en cuatro puntos: un cierto samaritano, movido a compasión, se acerca y venda las heridas, y se hace cargo de él.

Un cierto samaritano...

El que viene a romper con las actitudes de indiferencia de los anteriores viajeros es un cierto samaritano. Para el judío de aquel tiempo, se trata de una de las personas de las que menos hubiera esperado un comportamiento compasivo. La sola mención de este gentilicio podría causar un ánimo indispuesto en el oyente.

La relación entre los judíos y samaritanos acarrea una larga historia que comienza en el año 722 a.C., cuando Sargón II, rey de Asiria, luego de asesinar a una parte de la población y deportar a otra, repuebla Samaría con extranjeros. Estos emigrantes se mezclan con los samaritanos que han quedado en el territorio. Así tiene lugar un sincretismo religioso: los dioses de aquellos pueblos son adorados junto con Yahvé (cf. 2 Re 17,5-41).

Cuando los judíos regresan de la cautividad en Babilonia, los samaritanos adoradores de Yahvé se ofrecen a colaborar con Zorobabel, Josué y con las cabezas de familias para reconstruir el templo. Esta oferta no es aceptada, porque ellos no forman parte de la nación santa: «No podemos edificar juntos nosotros y vosotros un templo a nuestro Dios: a nosotros solos nos toca construir para Yahveh, Dios de Israel, como nos ha mandado Ciro, rey de Persia» (Esd 4,3).

A partir de este hecho, crece la hostilidad entre ellos. Como narra Esd 4,3-16, los samaritanos sublevan al pueblo contra los reconstructores. Además, presentan una denuncia a Artajerjes contra la gente de Judá y Jerusalén. Ya en la época helenística, en el s. IV a.C., reciben a sacerdotes desertores de Jerusalén y edifican un templo en el monte Garizín. Este templo fue destruido en el año 128 a.C. por Juan Hircano, hijo de Simón Macabeo. En tiempo de los macabeos, los samaritanos se alían con los invasores en contra de los judíos.

El siglo I de nuestra era continúa siendo un tiempo de relaciones tensas entre judíos y samaritanos.

> Los judíos no aceptan que los samaritanos desciendan de los patriarcas, y cuestionan la validez de su culto. Por eso los excluyen del culto y restringen el trato con ellos, tratándolos en la práctica como a gentiles[66].

Ellos, si bien adoran a Yahvé, no le rinden culto en Jerusalén sino en el monte Garizín, se adjudican la legitimidad de los sacerdotes de este lugar de culto y, por lo tanto, afirman la ilegitimidad de los que ofician en Jerusalén y solo reconocen con autoridad el Pentateuco en su versión samaritana. Observando de manera objetiva, no se encuentran motivos para afirmar que los samaritanos sean gentiles, pero se sabe que en las cuestiones de confrontación por lo general la gran ausente es la objetividad; por ello, es de reconocer que los hechos históricos arriba mencionados fueron hitos que levantaron muros entre judíos y samaritanos, hasta tal punto que un judío considera enemigo a un samaritano.

Por parte de los samaritanos se observa una falta de hospitalidad con los galileos que peregrinan a Jerusalén. Esta situación se menciona en el evangelio de Lucas al comienzo del viaje a

---

[66] Cf. JEREMIAS, «Σαμαρίτης», en CompDTNT, 979.

Jerusalén (Lc 9,53) y Flavio Josefo menciona, en *Antigüedades Judías*, las dificultades que encontraban los peregrinos galileos para cruzar el territorio de Samaría camino a Jerusalén. Puede ser este el motivo por el que la gran mayoría de ellos se dirigía hasta el Jordán y, cruzando el río a través de Perea, llegaban a Jerusalén (cf. Mc 10,1)[67].

Por eso, dada la historia de las relaciones entre ambos pueblos, la elección de un samaritano encarnando el papel compasivo en la historia ejemplar no puede ser sino un desafío para el intérprete de la Ley y para los oyentes de Jesús. Es el considerado extranjero, hereje y enemigo quien llevará a la práctica la Ley expuesta por el mismo *nomikós*.

Movido a compasión...

La situación del «herido del camino» reclama una ayuda urgente, una acción que parta de una mirada compasiva y, por lo tanto, capaz de salvar su vida, que pende de un hilo. En tres perícopas del evangelio de Lucas (7,13; 10,33 y 15,20), el verbo *horáō* (ver) va seguido de *splagjnízomai* (movido a compasión).

El sentimiento del samaritano en el v. 33 es descripto con el verbo *splagjnízomai*, que se ha traducido por «fue movido a compasión». Es un verbo que denota conmoción profunda, una compasión intensa frente al sufrimiento ajeno. En la LXX aparece solo dos veces: en 2 Mac 6,8 y en Pr 17,5. En el NT aparece doce veces: cinco veces en Mateo (9,36; 14,14; 15,32; 18,27; 20,34), cuatro veces en Marcos (1,41; 6,34; 8,2; 9,22) y tres veces en Lucas (7,13; 10,33; 15,20).

El significado procede de la experiencia de «sentir compasión». El sustantivo *splagjnon* remite primigeniamente a las entrañas animales y al vientre materno. De allí se derivó su nueva significación, la interioridad humana como lugar del sentimiento de compasión. La aplicación del término a Jesús representa una caracterización mesiánica que, por un lado, es manifiesta en el

---

[67] Cf. FITZMYER, *El evangelio según Lucas. III*, 188.

cristianismo primitivo. Por otro lado, es un tanto ajena a las expectativas mesiánicas judías, en opinión de Walter[68].

El significado fundamental del verbo es el de las entrañas que se conmueven a la vista de la miseria o la desgracia humanas. El término designa el comportamiento de Jesús (Mt 9,36; 14,14; 15,32; 20,34; Mc 1,41; 6,34; 8,2; Lc 7,13) y de los protagonistas de tres parábolas en sus respectivos momentos críticos (Mt 18,27; Lc 10,33; 15,20).

Para expresar la acción propia de tener misericordia o compasión del sufrimiento ajeno, Lucas usa *splagjnízomai* y *eleéô*. El sujeto de *eleéô*[69] también es Dios/Jesús, sea porque la concede, sea porque algún necesitado o enfermo la implora con un imperativo. Por ejemplo, *eléēson* aparece cuatro veces en el evangelio (16,24; 17,13; 18,38; 18,39) y *eleéô* también está presente en nuestra perícopa en 10,37.

Previamente se vio que *splagjnízomai* aparece tres veces en el evangelio de Lucas. La primera de ellas en 7,13 y tiene como sujeto a Jesús, quien se conmueve profundamente cuando se encuentra con un cortejo fúnebre en la puerta de la ciudad de Naím, al ver a una madre viuda llorando por su hijo único muerto; las otras dos, ocurren una en el 10,33 y la otra en 15,20, en la parábola del padre y sus dos hijos; en ambos casos designa el sentimiento profundo que mueve a la acción a los protagonistas. En los tres textos el término está en la tercera persona singular del aoristo indicativo de la voz pasiva. Las traducciones,

---

[68] «El cristianismo primitivo, cuando aplica este verbo a Cristo, hace que Él —como el Hijo que es— actúe como Salvador escatológico desempeñando el papel de Dios». WALTER, «σπλαγχνίζομαι», en DENT II, 1470.

[69] «ἔλεος/ἐλεέω designan, en consonancia con el sentido original de *ḥeseḏ* (bondad) en el AT, el comportamiento que Dios exige que una persona observe con otra. Con Os 6,6, Jesús —en Mt 9,9-13 con ocasión de la vocación de Mateo y en el conflicto acerca del sábado (12,1-8)— no hace más que interpretar la voluntad de *Dios:* "Misericordia quiero, y no sacrificio" (9,13; 12,7). En el discurso contra los fariseos en Mt 23,23 (ἔλεος no se halla en el lugar paralelo de Lc 11,42) Jesús enuncia con mayor precisión la obligación de pagar el diezmo (cf. Nm 18,12; Dt 14,23): hay que obrar justamente en las relaciones con otras personas, ejercitar la misericordia con los demás y practicar la fe. La narración ejemplar de Lc 10,25-37 caracteriza la conducta misericordiosa del samaritano (10,37) como demostración concreta de amor.» STAUDINGER, «ἔλεος», en DENT I, 1317.

teniendo en cuenta que es un verbo deponente, serían: «se conmovió», «se compadeció», «tuvo piedad», «se apiadó»[70]. Pero, dado el origen y la evolución del término, su espiritualización y su connotación intensa, prefiero traducir «fue movido a compasión». De igual manera, estoy de acuerdo con las siguientes traducciones: «se conmovieron sus entrañas», «se estremecieron sus entrañas», «se conmovió profundamente».

Splagjnízomai no es un sentimiento superficial, sino que es algo que afecta a las entrañas de la persona que lo experimenta. Observando las acciones del samaritano en el v. 34, se verá que se convierte en eficacia liberadora para quien está luchando entre la vida y la muerte. La compasión entrañable provoca una reacción eficaz ante la situación extrema del *hēmithanē*.

Se acerca y venda las heridas...

Horáō y *splagjnízomai* dan paso a una serie de acciones encadenadas, que revelan que este hombre es capaz de salir de sí mismo para socorrer al necesitado. La primera acción es la de acercarse. Remito a lo que se ha dicho al respecto comentando el v. 29b para concluir que *plēsíon* implica un «aproximarse» a aquel que se encuentra en dificultad.

Desde el acercamiento, el samaritano puede brindar sus primeros auxilios al herido. Porque «fue movido a compasión», es capaz de llegar a él y «venda sus heridas y echa en ellas aceite y vino».

Hay numerosos estudios sobre este uso y los exégetas coinciden en que era una práctica medicinal corriente[71]. Expreso unas palabras sobre el aceite y el vino, pero subrayando ante todo que el énfasis está puesto sobre el hecho de que el samaritano socorre al herido con lo que tiene. Si bien el texto no especifica qué traía, sí se puede inferir que él, al estar en camino como los anteriores (el sacerdote y el levita), se desplaza con lo necesario para un viaje (dinero, ropa, cabalgadura) y

---

[70] Cf. ESTÉVEZ, «Significado de ΣΠΛΑΥΧΝΙΖΟΜΑΙ en el NT», 511-541.
[71] Cf. FITZMYER, *El evangelio según Lucas. III*, 286-287.

pone al servicio del herido lo que lleva consigo (aceite, vino, tela, cabalgadura y dinero).

En el AT, Is 1,5-6 se refiere a Judá, lleno de pecado y castigado, y menciona las heridas que sufre y que ni siquiera son ablandadas con aceite. El aceite, entonces, posee la propiedad de ablandar las heridas. La mención que se hace del mismo en Mc 6,7.13 y en Lc 10,34 lo presenta como un remedio curativo, ya que los discípulos curaban a los enfermos ungiéndolos con aceite. Pero las citas de Marcos junto con la de Sant 5,14ss. indican que la unción no se trata de una simple aplicación de un remedio natural, aunque esto tal vez presuponga el uso curativo que de él se hacía en aquella época; en Santiago se explicita que la oración del presbítero antecede a la unción[72].

El uso terapéutico del aceite y del vino también está presente en la tradición rabínica y en los comentarios de Plinio, Galeno, Teofrasto[73]. Las propiedades ácidas del vino tienen efectos antisépticos. En nuestro pasaje, específicamente en Lc 10,34, a la mezcla de ambos elementos, se le concede las propiedades de una medicina tópica[74].

Continúo la reflexión en torno a las acciones del samaritano. A los primeros auxilios siguen otras que revelan la manera en que el samaritano se ha involucrado con el hombre herido. El *hēmithanē* está en proceso de recuperar su cualidad de viandante, si bien, para volver a esa realidad de la que gozaba antes de ser atacado por los ladrones, aún necesita ayuda. Para eso, «la cabalgadura del samaritano es puesta a su disposición. El

---

[72] Cf. Broer, «ἔλαιον», en DENT I, 1298-1299.

[73] Cf. Morala Fernández, *Vinos y vides de la antigua Grecia*, 2018. El autor ha buscado construir un catálogo de las vides que se cultivaron y de los vinos que existieron y se bebían en el territorio griego (Grecia continental, islas del mar Egeo, Asia Menor y Magna Grecia), y de los autores que los citan, desde los tiempos de Homero (siglo VIII a.C.) hasta el fin del mundo clásico (siglo VI d.C.). En la tesis se demuestra que, en la antigua Grecia, como en otros pueblos del área mediterránea, el vino siempre fue considerado como un excelente alimento. Y en lo que respecta a nuestro trabajo, el capítulo 5 (pp. 379-553) está dedicado al uso del vino en la medicina citando a Plinio, Galeno y Teofrasto.

[74] Cf. Fitzmyer, *El evangelio según Lucas. III*, 286-287.

espacio del uno se convierte en el espacio del otro, en un ejercicio de generosa hospitalidad»[75].

Viajar en la antigüedad no era algo sencillo como en nuestros días. Suponía días, meses e incluso años, dependiendo de la distancia que el viajero necesitaba recorrer entre su lugar de origen y al que se dirigía; dependiendo de los sitios por donde se debía pasar existía una carga mayor o menor de peligro. Los peligros y dificultades de los viajes en tierra palestina eran menores, ya que no eran demasiado largos porque se trata de un territorio pequeño.

Había diferentes maneras de viajar por tierra: en carro a lomos de una cabalgadura (a caballo, mula o burro), en literas o andando. Es lógico pensar que esta última debía ser la más común. El carro de caballos o mulas era más usado para el transporte de mercancía, pero no de manera exclusiva, ya que los carros (de dos y de cuatro ruedas) también se utilizaban para el transporte de personas, por lo general dignatarios, como es el caso que menciona Hch 8,26-39, donde un ministro de la reina de Etiopía se desplazaba en un carro de caballos[76].

Por las condiciones de los caminos, viajar a lomos de una cabalgadura (caballo, mulo o burro) era muy frecuente. El evangelio describe la entrada de Jesús en Jerusalén montado en un asno (cf. Mt 21,1-7; Mc 11,1-7; Lc 19,29-35; Jn 12,14-15). La otra referencia a una cabalgadura se encuentra en nuestro pasaje (Lc 10,34). Por último, la tercera forma de viajar era ser transportados por esclavos en una litera. Era la que solían elegir los romanos acaudalados, seguramente porque resultaba más cómodo y seguro. En los evangelios no aparece esta forma de desplazamiento; probablemente no fuera muy común en Palestina[77].

Con respecto al transporte, la perícopa dice en el 10,34b «y habiéndolo montado sobre su propia cabalgadura, lo condujo a un albergue». A partir de estas palabras se puede afirmar que

[75] CRIMELLA, *Marta, Marta!*, 111.
[76] Cf. GONZÁLEZ ECHEGARAY, *Arqueología y evangelios*, 106.
[77] Cf. *ib.*, 107.

el samaritano sube al herido sobre un animal de carga, sin embargo, no se puede asegurar si este era un asno o una mula, ya que ambos animales eran usados para tal fin.

Para concluir este apartado, luego de observar las acciones descriptas en el texto, es posible afirmar que el samaritano busca cuidar del herido. Esto se explicita con el verbo *epimeléomai*, que volverá a repetirse en el versículo siguiente. Entonces, estará involucrado el dueño del albergue para continuar la tarea.

Y cuidó de él...

En el v. 34 del relato, luego de mencionar que el samaritano puso al hombre herido en su propia cabalgadura, se nos cuenta que «lo llevó a un albergue». Se deja para el siguiente punto un comentario conjunto sobre «el albergue» y «el dueño del albergue». Ahora se atiende a la última acción del samaritano que aparece descripta al final del v. 34: «y cuidó de él».

En el NT *epimeléomai* aparece en tres ocasiones, en 1 Tm 3,5 y en el texto que estudiamos, en los vv. 34 y 35, describiendo la acción del samaritano y la orden de este al dueño del albergue.

La tarea de profundizar sobre el término *epimeléomai* no resulta fácil en el NT, ya que su aparición se da solo en los versículos citados en el párrafo anterior. Pero en torno a él se encuentran otras palabras que complementan su significado: *mérimna*, *therapeía* y *episképtomai*[78].

Mérimna aparece en Mt 13,22; Mc 4,19; Lc 8,14; 21,34; 2 Cor 11,28 y 1 Pe 5,7. En estos pasajes el significado que tiene es preocupación, afán y ansiedad[79]. *Therapeía* aparece en Lc 9,11; 12,42 y Ap 22,2. Con el doble significado de cuidar y curar. En el griego profano significa servir a alguien importante, o también servir en el culto a los dioses. Por otro lado, asimismo significa

---

[78] LÓPEZ ALONSO, *El cuidado: un imperativo para la bioética*, 47.
[79] En la Vulgata, es traducido por *sollicitudo*. Según López Alonso, «es la palabra que más ha perjudicado al significado del cuidado dado que apunta a los aspectos más negativos de la preocupación»; *ib.*, 69.

cuidar o asistir en el sentido médico.[80] Por último, el término *episképtomai* tiene más ocurrencias que los anteriores en el griego del NT: Mt 25,36; 25,43; Lc 1,68; 1,78; 7,16; Hch 6,3; 7,23; 15,14; 15,36; Heb 2,6 y Sant 1,27. Con este último término se abre a la dimensión de vigilancia: inspeccionar, examinar y visitar[81].

En la perícopa, como ya se mencionó arriba, se encuentra dos veces. En 10,34 su significado está precisado por un genitivo partitivo del pronombre *autū* (de él). En 10,35 está en modo imperativo, con el mismo pronombre que en el v. 34, por medio del cual el samaritano pide al posadero que cuide del herido en proceso de recuperación. En ambos casos, se puede ver que se cumple con el significado de cuidar y curar en sus diferentes acepciones. En el samaritano se ve la actitud de una persona preocupada y ocupada por el bienestar del hombre caído en desgracia; acompaña cuidadosamente el proceso de recuperación y busca cerciorarse del cuidado para que el herido llegue a la cura.

Junto al término *epimeléia* se han mencionado otros términos que profundizan su significado: *mérimna, therapeía y episképtomai.* En el v. 34 se puede observar el acto de curar en el sentido médico que realiza el samaritano, es la *therapeía,* la aplicación de ciertos elementos para aliviar al herido (vendas, aceite y vino). También en este versículo se puede ver aplicada la *mérimna*, porque el samaritano se preocupa por salvar la vida del herido y, sacándolo del lugar del peligro, con «solicitud» lo conduce a una posada, para continuar con el cuidado. Concluyendo la historia ejemplar, en el v. 35 hay una promesa de *episképtomai*, ya que al pedir al hospedero que cuide del herido, promete volver (a visitar) para pagar lo gastado de más.

Haciendo un ejercicio de imaginación, para el auditorio judío de Jesús, como es lógico, es grande la provocación que se presenta, ya que el enemigo del pueblo judío, el samaritano,

---

[80] Cf. Graber – Müller, «θεραπεύω», en Coenen – Beyreuther – Bientenhard (eds.), *Diccionario Teológico del Nuevo Testamento. IV*, 137.

[81] López Alonso, *El cuidado: un imperativo para la bioética*, 70.

encarna el papel de hombre bondadoso cumplidor de la Ley, socorriendo con solicitud al herido anónimo.

El herido fue pasando por diferentes estados: viandante, medio muerto y cuidado. También fue objeto de diferentes actitudes: primero, de la violencia de los bandidos, luego de indiferencia y, finalmente, de atención[82].

Para que podamos llevar a nuestra vida el eco de las acciones del samaritano, traigo a colación las palabras del papa Francisco en *Fratelli Tutti*:

> Miremos el modelo del buen samaritano. Es un texto que nos invita a que resurja nuestra vocación de ciudadanos del propio país y del mundo entero, constructores de un nuevo vínculo social. Es un llamado siempre nuevo, aunque está escrito como ley fundamental de nuestro ser: que la sociedad se encamine a la prosecución del bien común y, a partir de esta finalidad, reconstruya una y otra vez su orden político y social, su tejido de relaciones, su proyecto humano. Con sus gestos, el buen samaritano reflejó que «la existencia de cada uno de nosotros está ligada a la de los demás: la vida no es tiempo que pasa, sino tiempo de encuentro» (FT 66).

e) El «cómplice» del «hereje y extranjero» que también resulta compasivo

El relato ejemplar no precisa si el hospedaje se encuentra en el camino a Jericó o en la misma ciudad de Jericó. Sí llama la atención un dato de la tradición que ubica una posada en Khan al-Hatruri, en el km 11 del trayecto. Eusebio de Cesarea (260-340 d.C.) sostiene que allí había un castillo y Jerónimo (347-420 d.C.) dice que aquel lugar se llamaba Maledomni, que significaría «cuesta del rojo»[83], explicando que el nombre se debía a la sangre que con frecuencia

---

[82] Cf. CRIMELLA, *Marta, Marta!*, 131.
[83] Este nombre también aparece en Jos 18,17.

vertían los bandidos en este lugar[84]. También sostuvo que fue construida allí para ayudar a los viajeros[85].

Un estudio de Zimmerman aporta algo muy significativo sobre el albergue en la antigüedad helenística-romana, la diferencia entre albergue no comercial (*katalýma*) y comercial (*pandojeîon*). El primero era el lugar donde se practicaba el deber de la hospitalidad, muy apreciado en la tradición de todo el antiguo Oriente y por lo tanto también en la judía. El segundo tenía muy mala fama, porque era considerado una cosa vergonzosa cobrar por hospedar. El *pandojeîon* era frecuentado casi exclusivamente por gente de las clases inferiores que no tenían amigos que los hospedasen; por lo tanto, esto definía las características de tales albergues, como lugares de vicio, ya que se esperaba que el personal de servicio también satisficiera los deseos sexuales de los clientes[86].

Todo lo dicho en el párrafo anterior conduce a la siguiente conclusión: los encargados de dichos lugares, los *pandojeî,* son personas de muy mala reputación. En Palestina esta profesión era practicada casi exclusivamente por no judíos.

En la historia ejemplar el samaritano pide al posadero que cuide del hombre herido. No es posible saber si lo hizo o no. Sin embargo, este gesto no debe hacer olvidar que él es una figura mal vista. Delorme observa que el hospedero ejerce su oficio en el camino, tal como «el oficio» de los bandidos:

> Los bandidos no hacen otra cosa que ejercer y confirmar su cualidad de bandidos. De igual modo y de muy distinta manera, el posadero actuará según su cualidad de posadero, cuidando al herido a cambio de dinero[87].

---

[84] Cf. González Echegaray, *Arqueología y evangelios*, 118; Jerónimo citado por Fitz-myer, *El evangelio según Lucas. III*, 284.
[85] La Revista de la Sociedad de Arqueología Bíblica en su edición de enero/febrero 2012 publicó un artículo de Yitzhak Magen, que brinda detalles del Museo del Buen Samaritano, el espacio que según la tradición fue el lugar donde se hospedó el herido del camino de nuestra perícopa; Y. Magen, «The Inn of the Good Samaritan Becomes a Museum», 55-95.
[86] Cf. Zimmermann, «Un amore toccante (Il buon Samaritano)», 857.
[87] Delorme, *El riesgo de la palabra,* 89.

A partir de lo observado sobre el *pandojeîon*, lugar frecuentado por personas de fama dudosa, también se vio que quien
administra ese lugar, el *pandojeús*, tiene una mala reputación.
Esto significa que quienes llevan a cabo la acción de «cuidar»
de la vida del «medio muerto» son personas de quienes no se
esperan acciones buenas, ya están estereotipadas como «malas
personas». Sin embargo, son «las malas personas», el samaritano y el hospedero, quienes hacen una alianza de protección
y cuidado en torno al hombre herido.

La acción del samaritano de llevar al herido a una posada
puede significar que efectivamente ya está a salvo la vida de
esa persona; sin embargo, si se tiene en cuenta que estos albergues eran frecuentados por personas viciosas, no se puede
asegurar que el simple hecho de estar en el *pandojeîon* signifique
que ya esté a salvo. Por eso se cree que era necesario que alguien
se hiciera cargo de él y es lo que realiza el samaritano allí. Sin
embargo, cuando este decide partir, encarga la continuidad del
cuidado al *pandojeús*. ¿Será capaz de cumplir con el encargo
el hombre de «negocios turbios»? No se puede esperar que la
historia ejemplar lo diga todo. Sin embargo, desde el ejemplo
de compasión presentado en el samaritano (hereje y extranjero),
se puede también adivinar las mismas actitudes en el posadero.
Aunque la diferencia puede estar en que este ejerce el cuidado
porque se le paga, una acción de humana cercanía, si bien
puede tener una retribución económica, jamás puede ser tasa-
da en un valor monetario. Por eso, se considera que, así como
el samaritano fue compasivo, también el hospedero ejerció la
compasión con el herido que fue portado hasta su lugar de
trabajo.

No se puede responder con certeza, pero lo importante del
dato es que se confía la vida de un herido a un hombre mal
visto en la sociedad del tiempo de Jesús y esto constituye una
provocación más para el auditorio.

Antes de partir, el samaritano entrega dos denarios al dueño
del albergue: «Habiendo sacado dos denarios, los dio al dueño del albergue...» (v. 35). Un acto también provocador, ya que,
si bien recibir el pago por sus servicios es parte del oficio del

hospedero, no deja de ser llamativa la confianza que se expresa en el gesto.

Algunas palabras sobre los denarios. En la Palestina del siglo ı estaban en uso dos tipos de monedas: las de plata y las de bronce. Las primeras, no eran locales; las de bronce, llamadas también calderilla, eran de acuñación local. El denario imperial de Tiberio era una de las monedas de plata corrientes, llevaba la efigie del emperador en el anverso (cf. Mt 20,2) y tenía el valor de un día de jornal de un obrero. Otras monedas de plata eran la de medio siclo (2 dracmas) y la de un siclo (4 dracmas)[88].

Los dos denarios que se mencionan en la perícopa pueden proveer

> 3000 calorías durante un periodo de cinco o siete días o 1800 durante nueve o doce días para una familia con un equivalente de cuatro miembros adultos. [...] Una ración diaria de pan durante veinticuatro días a un itinerante humilde[89].

Lo que se observa en el v. 35, aparte del signo de confianza hacia el *pandojeús*, es una gran generosidad del samaritano al entregar dos denarios y prometer volver y pagar lo que «se gaste de más»[90]. Así como el samaritano se abocó al cuidado del hombre herido, del mismo modo espera que el dueño del albergue cuide de él. El concepto de cuidado que deja entrever el texto no es simplemente alojar al herido. Si se quedara solo en esa acción, el hospedero no está haciendo más que lo que debe hacer por oficio. La petición del samaritano implica que el *pandojeús* continúe con la tarea empezada por él.

---

[88] Cf. Delorme, *El riesgo de la palabra*, 68-74.

[89] Malina – Rohrbaugh, *Los evangelios sinópticos y la cultura mediterránea del siglo I*, 342.

[90] Según Fitzmyer «Ningún escritor del NT –salvo, quizá, el autor de la carta de Santiago, y de manera análoga– pone mayor énfasis en la moderación con la que el verdadero discípulo debe usar sus propias riquezas materiales»; Fitzmyer, *El evangelio según Lucas. I*, 416. «En el buen samaritano, que, a parte de su finalidad específica, puede valer el ejemplo sobre el modo de usar correctamente los bienes materiales en servicio de los desventurados»; *ib.*, 420.

Luego de estas palabras sobre el personaje y las acciones del *pandojeús*, concluyo esta sesión citando una vez más al papa Francisco en *Fratelli Tutti*:

> El relato, digámoslo claramente, no desliza una enseñanza de ideales abstractos, ni se circunscribe a la funcionalidad de una moraleja ético-social. Nos revela una característica esencial del ser humano, tantas veces olvidada: hemos sido hechos para la plenitud que solo se alcanza en el amor. No es una opción posible vivir indiferentes ante el dolor, no podemos dejar que nadie quede «a un costado de la vida». Esto nos debe indignar, hasta hacernos bajar de nuestra serenidad para alterarnos por el sufrimiento humano. Eso es dignidad (FT 68).

3.3. En torno al herido del camino se tejen diversas polaridades

Se ha comentado la historia ejemplar que se encuentra dentro de la perícopa. En ella se observa que tanto los ladrones como el sacerdote y el levita, el samaritano y el dueño del albergue toman posturas y actúan en consecuencia llevando a cabo acciones determinadas; los primeros, que atentan contra la vida del «cierto hombre», los segundos (sacerdote y levita), que pasan con indiferencia ante el hecho, y, los últimos, que realizan acciones que buscan salvar y preservar la vida del «cierto hombre herido».

La historia ejemplar coloca al «cierto hombre» en una situación trágica. Ante este hecho provocado por los ladrones, dos personas religiosas, de grupos familiares de los cuales la Torá dice «no tendrá heredad entre sus hermanos; Yahvé es su heredad» (Dt 18,2; cf. Nm 18,20), no auxilian al hombre caído en desgracia. Sin embargo, polarizan con estos que tienen a «Yahvé como heredad» otras dos personas, quienes hacen lo necesario para que el herido del camino salve su vida y se recupere: el samaritano y el dueño del albergue. El primero no estaría incluido en la definición estricta de «prójimo» según Lv 19, ya que los samaritanos eran considerados extranjeros y enemigos de los judíos; por lo tanto, ni siquiera podría ser considerado como un extranjero residente, cuya realidad contempla la Torá. Y como ya señalamos anteriormente, los del comienzo del viaje a Jerusalén (9,53) fueron presentados con la característica de poco hospitalarios. Sin embargo, la generosidad y la hospitalidad de este samaritano contrasta grandemente con los de los versículos iniciales del viaje.

El segundo personaje que polariza con el sacerdote y el levita es el dueño del albergue. Podría haber sido un israelita, pero los estudios que hemos citado afirman que en su mayoría eran extranjeros. Nuestra opinión coincide con esta segunda opción. La historia ejemplar no lo dice, pero se puede suponer que el dueño del albergue siguió las instrucciones del samaritano. Efectivamente sus actos de bondad no igualan a los del samaritano, ya que no son desinteresados, porque el viajero le paga por la tarea que le encomienda. Pero esta es la bondad humana que encontramos en nuestras realidades cotidianas: personas que hacen su trabajo de manera justa e incluso compasiva. En el mundo de la historia de Jesús, como en el mundo real del escritor del tercer sinóptico y en el que nosotros vivimos, hay actos que surgen de la violencia y de la indiferencia, pero también hay actos comerciales honestos y extraordinariamente compasivos. Y con asombro y dolor a veces las personas de las que se esperan buenas acciones decepcionan y otras, de las que no se esperan nada bueno, sorprenden con gestos de desinteresada caridad. Pero es así como se tejen los días de nuestra vida, entre la cotidianeidad de lo gris y los hechos poco comunes que la pintan de color.

La historia ejemplar tiene un final abierto. Se supone que el hombre herido se recuperó totalmente y regresó a sus quehaceres cotidianos, que el samaritano regresó al albergue para pagar lo que prometió, que los bandidos continuaron realizando sus acciones delictivas, que el sacerdote y el levita estarían esperando su turno para servir en el culto y entonces volver a subir a Jerusalén. Pero nada de esto nos dice la narración.

Es importante destacar también un valor reflejado en el samaritano, ya que pone el acento en un tema transversal en nuestra perícopa, la alteridad:

> No se ata al otro, ni ata al otro a él. Parte al día siguiente y conserva el interés por el otro, puesto que volverá. [...] Asumirá hasta el fin el servicio de la vida del otro, sin hacerse su esclavo ni hacerlo esclavo suyo. El otro sigue siendo el otro. La libertad de uno se concilia con la del otro. El descentramiento de sí permite la realización de sí. Alteridad e identidad van juntas y se aseguran mutuamente[91].

Concluyendo el comentario a la historia ejemplar subrayo un aspecto más: el samaritano no actúa por una razón conscientemente sobrenatural o para cumplir la Ley. Él actúa compasivamente, pero su actuar marca una diferencia importante con el del sacerdote y el del levita, quienes no actuaron de la misma manera.

3.4. Ser prójimos es tomar conciencia plena «del ser otro»

Por medio de la historia ejemplar, en los personajes fueron descriptas diferentes actitudes humanas, principalmente la indiferencia y la compasión. Así, prepara la contrapregunta de Jesús.

Recordemos la pregunta del intérprete de la Ley a la que está respondiendo esta contrapregunta de Jesús: «¿Y quién es mi prójimo?» (v. 29). La contrapregunta de Jesús «opera una sutil pero decisiva transformación»[92]. Él pregunta: «¿Quién de estos tres te parece que fue prójimo del que cayó [en manos] de los ladrones?» (v. 36). Coloca en el centro de la cuestión al «que cayó [en manos] de los ladrones». Es en torno al hombre anónimo, desnudado, golpeado, abandonado e ignorado, donde hay que buscar la respuesta. Ya no es suficiente preguntarse

---

[91] DELORME, *El riesgo de la palabra,* 92.
[92] CRIMELLA, *Marta, Marta!,* 119.

«quién es mi prójimo». Esto remite a la Ley, que efectivamente aporta una respuesta. Sin embargo, Jesús invita a dejarse interrogar por la historia ejemplar[93].

La pregunta rompe con la autorreferencialidad para poner en primer plano al otro. Esta es una característica de las parábolas lucanas. Si bien se ha defendido que el relato es una historia ejemplar, en este punto coincide con las características de una parábola lucana, ya que lleva «al oyente a otro mundo, le permite desprenderse de sus ideas preconcebidas, abandonar sus ataduras, juzgar sanamente, libremente. ¡Es indispensable ver las cosas en otra perspectiva!»[94].

Al colocar en el centro al «hombre herido», Jesús no deja de lado la importancia de la Ley, sino que está requiriendo la aplicación de la Ley en una acción concreta. El que empezó con la intención de «tentar» a Jesús está siendo sometido por este a una prueba importante. El desafío es grande, porque desde esa Ley «escrita» y «leída» deberá tomar las decisiones para obrar acorde a ella en todas las situaciones de la vida, sin olvidar que en ellas se juega «la herencia de la vida eterna».

La respuesta, que podría ser simplemente «el samaritano», es evasiva para no pronunciar el gentilicio. Sin embargo, revela la acción del protagonista compasivo: «el que hizo misericordia con él» (v. 37). Por medio de ella se revela que el intérprete de la Ley entró en la lógica de Jesús y la podrá poner en práctica. En vez de permanecer en elucubraciones, propone salir de sí mismo y ponerse al nivel del otro para propiciar el encuentro. Crimella también observa que «responder a una pregunta significa aceptar entrar en la lógica del movimiento cooperativo desencadenado por la propia pregunta y sus supuestos»[95].

El intérprete de la Ley no específica «quién fue prójimo» según la caracterización sociorreligiosa que le ha dado el relato ejemplar. Al decir «el que hizo misericordia con él», destaca

---

[93] Cf. DELORME, *El riesgo de la palabra,* 78.
[94] ALETTI, *El arte de contar a Jesucristo*, 134.
[95] CRIMELLA, *Marta, Marta!,* 120.

que, más allá del conocimiento de la Ley, o la cercanía o lejanía de Dios, sea porque los primeros se dedican al servicio en el templo o porque el último forma parte de un grupo de personas consideradas enemigas de los judíos y apóstatas, lo que lo convierte en prójimo es justamente «el hacer». Así,

> su etiqueta de samaritano desaparece en beneficio de otra identidad, adquirida por la acción. Él no ha mirado a su identidad para hacerse prójimo de un hombre que había perdido la suya[96].

Los comentaristas normalmente señalan que el intérprete de la Ley, al mencionar al hombre por sus acciones y no por su raza, está expresando que ni siquiera quería nombrar el gentilicio «samaritano», como se ha mencionado más arriba. Pero también, como se ha señalado, podría ser que el intérprete de la Ley haya entrado en la dinámica de Jesús y haya dado un paso cognitivo (ortodoxia) que redundará en sus acciones (ortopraxis). Es el acto de misericordia la que define a esta persona, por eso el imperativo de Jesús es: «anda y tú haz igualmente»; de esta manera el maestro también define al prójimo de acuerdo a sus acciones misericordiosas en lugar de su caracterización étnica o religiosa[97].

Como se ha observado, las acciones del samaritano tienen como punto de partida el «ver y compadecerse». En la respuesta del intérprete de la Ley se puede notar su comprensión de que el samaritano se hizo prójimo del herido porque se dejó afectar por el otro. Los sentimientos de «entrañas de misericordia», dieron paso a la acción, entonces fue capaz de crear y de renunciar:

> Solo uno se detiene y presta atención. [...] Esa atención es creadora, pero en el momento en que se activa es renunciamiento. [...] El hombre acepta una merma concentrándose para un gasto

---

[96] DELORME, *El riesgo de la palabra,* 95.
[97] Cf. VINSON, *Luke,* 342.

de energía que no aumentará su poder, que solamente hará existir otro ser distinto a él, independiente de él[98].

El paso que está dando el intérprete de la Ley es crucial. Al realizar este descubrimiento, que se manifiesta por medio de su respuesta, a su preocupación por «heredar la vida eterna», deberá sumar las acciones que lo llevan a «hacerse prójimo». La observancia de la Ley consiste en conocerla, leerla, pero ella no es completa si no lleva a acciones concretas. En la respuesta que ha brindado a Jesús podemos ver el reflejo de la resonancia interior del *nomikós* a la enseñanza del *didáskalos*, quien, por medio de contrapreguntas y contrarrespuestas y la plasticidad de la historia ejemplar, le ha brindado una enseñanza sobre el amor al prójimo, que pasa por «hacerse prójimo».

3.5. La atención creadora conlleva a dar vida a algo que no existe

Ante la respuesta del intérprete de la Ley en el v. 37a, esta vez no hay calificativo como en el v. 28a: «Correctamente respondiste»; las palabras de Jesús pasan directamente a la acción.

La contrarrespuesta de Jesús es un envío del *nomikós* a una misión: anda (*poreúou*) y haz (*poíei*). Jesús no lo envía a seguir estudiando la Ley para acrecentar su conocimiento como especialista en la materia. Ya tiene conocimiento suficiente sobre ella, por lo tanto, se puede decir que ya conoce a Dios porque conoce su Ley. Sin embargo, el conocer debe demostrarse en el hacer. Por eso, lo envió a «hacer la Ley» amando y, por lo tanto, haciéndose prójimo de los demás. Afirma Delorme:

> Lejos de entrar en el marco que su deseo de saber da a su pregunta, el relato de Jesús lo cuestiona. En lugar de recomendar una práctica ejemplar dentro de las perspectivas de una ética universal, impone una historia singular («un hombre», «un samaritano») que obliga a salir de las generalidades. Hace estallar el mundo

---

[98] WEIL, *A la espera de Dios*, 92.

de pensamiento y de acción en el que el diálogo corría el riesgo de encerrarse[99].

Ante el intérprete de la Ley se abre un nuevo camino de «hacer la Ley»: encarnar la Palabra en lo cotidiano de la vida, donde seguirá habiendo anónimos heridos a quienes auxiliar y cuidar, pero para ello será necesario una y otra vez estar atento para «mirar» y permitirse ser herido por la compasión:

> La atención creadora consiste en prestar atención a algo que no existe. La humanidad no existe en la carne anónima e inerte al borde del camino. El samaritano que se detiene y mira, presta sin embargo atención a esa humanidad ausente y los actos que se suceden a continuación dan testimonio de que se trata de una atención real. La fe, dice san Pablo, es la visión de las cosas invisibles. En ese momento de atención, la fe está tan presente como el amor[100].

Jesús, cerrando el diálogo con los imperativos «anda y haz» remite esta respuesta-orden más a la primera pregunta del *nomikós*: «¿haciendo qué cosa vida eterna heredaré?», que a la pregunta sobre «¿quién es mi prójimo?». Convierte así la tarea de «hacerse prójimo» en el camino que conduce a la vida eterna. Camino que deberá ser recorrido ejercitando continuamente el *horáō* y el *splagjnízomai*. La mirada compasiva completará el conocimiento de la Ley y permitirá su realización.

---

[99] DELORME, *El riesgo de la palabra,* 97-98.
[100] WEIL, *A la espera de Dios,* 93.

CONCLUSIÓN

Recapitulación y apertura

Por medio de una lectura atenta y metódica se ha extraído las riquezas del texto que nos ayudan en nuestra condición de peregrinos en camino, sintiéndonos interpelados por la pregunta del intérprete de la Ley: «¿habiendo hecho qué cosa heredaré la vida eterna?» (Lc 10,25), y desafiados por la respuesta final del Maestro: «anda y tú haz igualmente» (Lc 10,37). En medio de estas dos frases hay una dinámica en la que es necesario entrar, dando paso en nosotros a las acciones de «ver» y «compadecerse», para «hacer» la ley y «hacerse» prójimo del herido del camino.

Desde el *Sitz im Leben* (el contexto vital) del texto, la formación de los discípulos de Jesús, se abre una llamada a dar el paso a la situación vital de hoy. Por eso afirmo que este estudio no termina, necesita seguir profundizándose para que dé sentido a nuestras búsquedas. Así como el intérprete de la Ley, se puede hacer a Jesús las preguntas que revelan, de algún modo, la sed de «herencia eterna». Esta sed necesita ser encarnada en la cotidianeidad, llenando de sentido la vida por medio del «hacer» la ley amando a Dios y al prójimo, «haciéndonos» prójimos de los otros peregrinos con quienes se comparte el camino de la existencia.

Apertura: la perícopa y la experiencia vital

La elección del título de este trabajo, «prójimos inesperados», expresó mi interés en estudiar las acciones de dos de los protagonistas de la historia ejemplar. Sobre todo me he fijado en el samaritano, quien, empujado por profundos sentimientos de compasión, no permaneció indiferente ante el herido del camino, sino que fue movido a involucrarse en la asistencia del mismo. A su vez cómo este «extranjero» y «hereje» involucró a otra persona de «mala reputación» (el encargado del albergue) para el cuidado del necesitado. Estas acciones interpelan los juicios apresurados y buscan suscitar una mentalidad diversa invitando a superar los estereotipos y vivir el desafío de ser «hermanos todos», en el espíritu de la fraternidad y la amistad social (cf. FT 5). Por ello, quisiera concluir brindando algunas aperturas que pueden ser aplicadas a la vida personal y/o pastoral.

Pastoral de la compasión: llamados a ser samaritanos

Los tres personajes que bajan de Jerusalén a Jericó, por el mismo camino en el que ha caído en desgracia el hombre anónimo, pueden ser identificados por su rol social y religioso. Sin embargo, me parece más importante destacar aquello que individualiza al tercer viajero, el samaritano, que, siendo considerado un enemigo del pueblo judío, con la particularidad de sus acciones se alejó de la actitud de sus predecesores. Por lo tanto, lo que distingue fuertemente al samaritano no es su estatus sociorreligioso, sino su compasión que lo conduce a la acción. Así su actuar contrasta con la indiferencia de los anteriores personajes.

El samaritano, «el enemigo» del pueblo judío, participa plenamente de la compasión y la fidelidad del Dios de la alianza, quien ante la situación de necesidad de su pueblo ve y responde con cuidados salvíficos[1]. Los gestos de cuidado del samaritano para con el «herido del camino» se asemejan a las acciones de Dios en favor de su pueblo[2]. Así, esta historia ejemplar expone una observancia activa de la Ley que redunda en beneficio del otro. Y queda señalado que junto a la preocupación de «heredar la vida eterna» se debe asumir la práctica de la Ley «haciéndose prójimo» en las acciones cotidianas concretas.

---

[1] En los siguientes pasajes se puede ver esta fidelidad compasiva del Dios de Israel, que cuida a su pueblo con solicitud, siendo este cuidado la expresión de su amor eterno: Ex 3,7-10; Dt 32,36; Is 54,8; Jr 31,20; Os 11,8.
[2] Cf. VINSON, *Luke*, 341.

De modo que el relato del buen samaritano se constituye en historia ejemplar para los seguidores del Maestro, evitando las acciones del sacerdote y del levita, representantes del culto, quienes no colocaron el amor al prójimo en el centro de sus vidas religiosas. El discípulo de Jesús deberá imitar al samaritano, amando desinteresadamente.

Los Padres de la Iglesia, a través de la interpretación alegórica, han leído el relato ejemplar desde el trasfondo cristológico. Su lectura invita a que el corazón del cristiano se transforme en el corazón del mismo Señor, que es compasivo y jamás indiferente a las miserias humanas.

El samaritano se caracteriza por su realidad profundamente humana, es un viajero más que sufre las peripecias de los desplazamientos y también está expuesto a los peligros del camino. Sin embargo, desde esa realidad concreta encarna el actuar de Dios, quien vela por el más débil y sana las heridas de los «heridos del camino». Supongo que conscientemente no busca cumplir la Ley; sin embargo, cumple con el corazón de la Ley, amando a Dios y al prójimo, haciéndose prójimo del hombre anónimo caído en desgracia[3].

Pastoral que desafía nuestra «zona de confort»

Junto con Vinson[4], me parece importante hacerse la pregunta sobre lo que la perícopa, y de manera especial la historia ejemplar, aborda directa o indirectamente. Al decir que el cierto hombre «cayó en manos de unos ladrones», la historia no aborda las raíces de la violencia en aquella sociedad. Se podría preguntar sobre los ladrones: ¿habrían sido expulsados de sus tierras por la acumulación de los altos impuestos o por los resultados de las malas cosechas sucedidas por cuestiones climáticas o porque algún ejército romano las destruyó mientras enderezaban los caminos a su paso? No se sabrá responder con

---

[3] Cf. ROSSÉ, *Il Vangelo di Luca,* 409.
[4] Cf. VINSON, *Luke*, 342-343.

objetividad a estos cuestionamientos, ya que el texto no dice nada al respecto. Pero, aunque no aborda directamente las causas de la violencia, sí interpela a pensar cómo en nuestros días ella sigue siendo moneda corriente; como seguidores del Maestro, estamos llamados a cuestionárnoslo y procurar una cultura pacífica en los entornos eclesiales y sociales.

Al no especificar los motivos de la indiferencia del sacerdote y del levita, la historia ejemplar tampoco aborda la causa de la indiferencia de los representantes de la casta religiosa. Sin embargo, motiva a la reflexión sobre las actitudes de las personas religiosas ante las situaciones difíciles de los *hēmithanē* de hoy[5]. Como en aquel tiempo, también en nuestros días hay una tendencia a disociar el amor a Dios del amor al prójimo, convirtiéndose en estrictos cumplidores del precepto dominical, pero permaneciendo indiferentes ante las situaciones acuciantes de pobreza. Parafraseando a san Juan Crisóstomo: adoran el cuerpo de Cristo en la Eucaristía, pero ignoran el cuerpo de Cristo desnudo y maltratado en el pobre[6].

---

[5] Me viene a la memoria lo vivido durante la pandemia del Covid-19. Esta realidad dolorosa que nos ha tocado sufrir como sociedad y como Iglesia ha dejado al desnudo falencias de nuestra vida cristiana católica. Se manifestaba la falta de caridad de personas que se quedaban en la comodidad del culto y se quejaban a diestra y siniestra cuando este faltó; sin embargo, eran indiferentes a situaciones de necesidades acuciantes de los pobres. Se preocupaban por conseguir elementos de higiene y cuidado para los que podrían acudir a las misas y eran indiferentes a las situaciones de extrema necesidad por las que estaban pasando muchos hermanos nuestros. Los creyentes católicos que actuaban de aquella manera, en mi opinión, revelaron una falta de profundidad en su opción cristiana y con respecto a lo que implica el Cuerpo de Cristo (la Iglesia), ya que ante la imposibilidad de recibir una comunión sacramental olvidaron una necesaria comunión con los hermanos y con toda la humanidad, condición previa para recibir con frutos una comunión sacramental.

[6] «¿Queréis de verdad honrar el Cuerpo de Cristo? No consintáis que esté desnudo. No le honréis en el templo con vestidos de seda y fuera le dejéis perecer de frío y desnudez. Porque el mismo que dijo: Este es mi cuerpo, dijo también: Me visteis hambriento y no me disteis de comer. Y: Cuando no lo hicisteis con uno de esos más pequeños, tampoco conmigo lo hicisteis. Cristo anda errante y peregrino, necesitado de techo; y tú te entretienes en adornar el pavimento, las paredes y los capiteles de las columnas, y en colgar lámparas con cadenas de oro. Al hablar así no es que prohíba que también se ponga empeño en el ornato de la Iglesia; a lo que exhorta es a que juntamente con eso, o, más bien, antes que eso, se procure el socorro de los pobres. A nadie se culpó jamás por no haber

La historia ejemplar también tiene algo que decir a la cultura terapéutica actual, al abordar indirectamente el tan sobrevalorado tema del autocuidado, en una sociedad consumista que propicia hasta la exageración el confort y la atención a la estética personal. Una persona presa de tales mandatos consumistas y egocéntricos se preguntaría: «¿el samaritano no podría caer fatigado en el ejercicio de la compasión?, ¿se estaba amando a sí mismo lo suficiente o estaba exagerando en su generosa oferta de ayuda?». Y afirmaría: «El *burnout* está amenazando la vida del samaritano viajero».

Y como se pudo ver en los diferentes momentos de estudio, lo que aborda de manera directa la perícopa y la historia ejemplar ilustra plásticamente es la definición de «prójimo», y lo hace de una manera totalmente novedosa, dejando de lado las implicancias de un espacio geográfico-cultural, la etnia o el poder adquisitivo. ¿Era el hombre herido rico o pobre, judío o gentil? ¿Era religioso el samaritano? ¿Los dos denarios que le dio al dueño del albergue era todo lo que tenía o era un hombre rico que podría haber pagado mucho más? No se pueden encontrar respuestas en el texto, pero, más allá de estas preguntas, hay un mensaje poderoso que subyace en todo el relato. El samaritano compasivo, porque estaba lleno de la compasión de Dios, fuera religioso o no, brindó su ayuda al herido del camino con todo lo que él tenía y prometió dar más si hubiera sido necesario. Y a partir de esto se puede arribar a una definición de prójimo: es alguien que se aproxima al otro compasivamente, imitando a un Dios compasivo que ama y se entrega con todo su ser.

Las acciones compasivas del samaritano, viajero en camino, son también una llamada a actuar con fortaleza de espíritu. En nuestra sociedad y nuestras comunidades eclesiales, en muchas ocasiones, pareciera que el servicio dependiera de los medios. Sin embargo, este pasaje muestra que, en vez de pensar en los medios, el discípulo o el agente de cambio social debe preocu-

---

hecho lo primero; pero por no hacer lo otro se nos amenaza con el infierno». Juan Crisóstomo, *Homilía sobre San Mateo,* 50.

parse de mirar, compadecerse y acercarse. Desde allí será posible brindar lo necesario desde las limitaciones y realidades de «viajeros-peregrinos», porque «el amor es creativo hasta el infinito»[7].

La sociedad y la Iglesia de hoy son escenarios que necesitan de samaritanos y hospederos compasivos. Personas que sean capaces de salir de sí mismos y entrar en comunión con los anónimos del camino, con heridos de la vida que precisan de albergues donde otras manos se sumen a la tarea de humanizar la vida. Se necesitan personas atentas a la voz de los que no tienen voz:

> La vida se acrecienta dándola y se debilita en el aislamiento y la comodidad. De hecho, los que más disfrutan de la vida son los que dejan la seguridad de la orilla y se apasionan en la misión de comunicar vida a los demás (EG 10).

---

[7] Coste, *Obras completas de San Vicente de Paúl. XI*, 146.

BIBLIOGRAFÍA

ALETTI, J. N., *El arte de contar a Jesucristo. Lectura narrativa del evangelio de Lucas*, Salamanca 1992.

ÁLVAREZ QUINTERO, F., *La parábola del Buen Samaritano. Análisis metodológico: prefiguración, configuración y reconfiguración*, Pamplona 1999.

ANDIÑACH, P. R., *El Dios que está: teología del Antiguo Testamento*, Estella 2014.

BALZ, H. – SCHNEIDER, G. (eds.), *Diccionario exegético del Nuevo Testamento. I-II*, Salamanca ³2002-2005.

BOVON, F., *El Evangelio según San Lucas. II (Lc 9,51–14,35)*, Salamanca 2002.

BRAND, P. – YANCEY, P., *Fearfully and Wonderfully Made*, Lisle (Il) 2019.

COENEN, L. – BEYREUTHER, E. – BIENTENHARD, H. (eds.), *Diccionario Teológico del Nuevo Testamento. IV*, Salamanca ³1994.

COSTE, Pedro, *Obras completas de San Vicente de Paúl. XI,* Madrid 1980.

CRIMELLA, M., *Marta, Marta!*, Assisi 2009.

CROSSAN, J., *De Borges a Jesús. Incursión sobre lo inarticulado*, Buenos Aires 1991.

DELORME, J., *El riesgo de la palabra, leer los evangelios,* Buenos Aires 1995.

FITZMYER, J., *El evangelio según Lucas I. Introducción*, Madrid 1987.

____, *El evangelio según Lucas. II. Traducción y comentario. Capítulos 1–8,21*, Madrid 1987.

____, *El evangelio según Lucas. III. Traducción y comentario. Capítulos 8,22–18,14*, Madrid 1987.

____, *El evangelio según Lucas. IV. Traducción y comentario. Capítulos 18,15–24,53*, Madrid 2005.

GÓMEZ ACEBO, I., *Lucas,* Estella 2008.

GONZÁLEZ ECHEGARAY, J., *Arqueología y evangelios*, Estella 1994.

GREEN, J., *The Gospel of Luke*, Cambridge 1997.

GRILLI, M., *L'opera di Luca. 1. Il Vangelo del viandante,* Bologna 2012.

HARNISCH, W., *Las parábolas de Jesús,* Salamanca 1989.

KRÜGER, R. − CROATTO, S. − MÍGUEZ, N., *Métodos Exegéticos,* Buenos Aires ²2006.

LÓPEZ ALONSO, M., *El cuidado: un imperativo para la bioética. Relectura filosófico-teológica desde la epiméleia*, Santander 2011.

MALINA, B. − ROHRBAUGH, R., *Los evangelios sinópticos y la cultura mediterránea del siglo I. Comentario desde las ciencias sociales,* Estella 1996.

MEIER, J. P., *Un judío marginal. IV. Ley y amor,* Estella ²2013.

_____, *Un judío marginal. V. La autenticidad de las parábolas a examen,* Estella 2017.

MORALA FERNÁNDEZ, S., *Vinos y vides de la antigua Grecia,* Madrid 2018.

PLUMMER, A., *Critical and Exegetical Commentary on the Gospel according to St. Luke*, Edinburgh ⁷1960.

ROSSÉ, G., *Il Vangelo di Luca, commento esegetico e teologico,* Roma ³2001.

RUIZ, E., *Los pobres tomarán posesión de la tierra: el Salmo 37 y su orientación escatológica,* Estella 2009.

SÖDING, G., *La novedad de Jesús, realidad y lenguaje en proceso pascual,* Buenos Aires 2012.

SPICQ, C., *Ágape en el Nuevo Testamento*, Madrid, 1977.

THEISSEN, G. − MERZ A., *El Jesús histórico,* Madrid 1999.

VINSON, R. B., *Luke*, Georgia 2008.

WEIL, S., *A la espera de Dios,* Madrid ⁵2009.

WOLTER, M., *The Gospel according to Luke. II (Luke 9,51-24),* Waco (Tx) 2017.

ZIMMERMANN, R. (ed.), *Compendio delle parabole di Gesù*, Brescia 2011.

Artículos

BRIGLIA, M. S., «Misterio de misericordia: el Buen Samaritano (Lucas 10,25-37)», *Teología* 46 (1985) 137-187.

ESTÉVEZ, E., «Significado de ΣΠΛΑΥΧΝΙΖΟΜΑΙ en el NT», *Estudios Bíblicos* 48/4 (1990) 511-541.

KALIMI, I., «Robbers on the Road to Jericho, Luke's Story of the Good Samaritan and its origin in the Kings/Chronicles», ETL 85/1 (2009) 47-53.

KNOWLES, M., «What was the victim wearing? Literary, economic, and social contexts for the parable of the Good Samaritan», *Biblical Interpretation* 12 (2004) 145-174.

MAGEN, Y., «The Inn of the Good Samaritan Becomes a Museum» *Biblical Archaeology Review* 38/1 (enero/febrero 2012) 55-95.

MENKEN, M., «The position of σπλαγχνιζεσθαι and σπλαγχνα in the Gospel of Luke», *NovTest* 30 (1988) 107-114.

SPENCER, F. S., «2 Chronicles 28,5-15 and the Parable of the Good Samaritan», *Westminster Theological Journal* 46 (1984) 317-349.

Recursos electrónicos

AGUSTÍN DE HIPONA, *Quaestiones Evangeliorum*, Libro II, 19 [en línea], https://www.augustinus.it/spagnolo/questioni_van-geli/index2.htm [consulta: 31 de marzo de 2024].

DANKER, F. W., *A Greek-English Lexicon of the New Testament and other Early Christian Literature*, Chicago, ³2000. Versión electrónica de OakTree Software, Inc en Accordance Bible.

GREGORIO MAGNO, *Moralia in Job*, XX,1, http://www.lectionary-central.com/GregoryMoralia/Book20.html [consulta: 31 de marzo de 2024].

JUAN CRISÓSTOMO, *Homilía sobre San Mateo*, 50, http://www.clerus.org/bibliaclerusonline/pt/fn4.htm#bx [consulta: 31 de marzo de 2024].

MARTÍN LUTERO, *Predigten und Schriften,* XI, 171-173, https://ar-chive.org/details/werkekritischege11luthuoft/page/170/

mode/2up [consulta: 31 de marzo de 2024]. Traducción presentada en MARGUERAT, «Parábolas», en *Cuaderno Bíblico 75*, 22.

ORÍGENES, *Homilía sobre San Lucas*, 34,3, https://www.deiverbum. org/lc-10_25-37/#Homilia_Imitemos_a_Cristo_con_hechos [consulta: 31 de marzo de 2024].